사계절 코바늘 플라워

CROCHET FLOWER

손뜨개꽃길의
사계절 코바늘 플라워

박경조 지음

생화 같이 아름다운 손뜨개 꽃과 식물 30

CROCHET FLOWER

hansmedia

prologue

뜨개 꽃의 매력에 빠져 꽃을 뜬 지 어느새 십여 년이 되었어요.
돌아보면 많은 어려움과 시행착오가 있었지만 그래도 예쁜 꽃을 뜰 수 있어 감사한 시간이었습니다.
긴 시간 동안 꽃을 뜨며 느꼈던 설렘과 위로를 조금 더 많은 분들과 나누고 싶어 온 마음을 다해 이 책을 집필했습니다.

잎이 떨어져도, 꽃잎이 조금 삐뚤어도 꽃은 그 자체만으로 아름답기에 꽃 뜨기에는 실패가 없다고 생각해요.
기계로 찍어낸 듯 정교한 꽃보다 정성스러운 손길이 느껴지는 뜨개 꽃이 더 사랑스럽게 느껴지지요.
꽃 뜨기가 처음이라면 가는 실과 후작업이 부담스러울 수 있겠지만 애정을 가지고 차근차근 떠보세요.
실과 바늘을 이용해 손끝에서 꽃을 피워내는 아름다운 경험을 할 수 있을 거예요.

우리는 소중한 사람과 특별한 순간을 나누고 싶을 때 꽃을 선물합니다.
사랑하는 사람을 만나러 가기 전,
설레는 마음으로 꽃을 준비할 때 꺼내어 볼 수 있는 책이 되길 바랍니다.

세상에서 가장 따뜻한 꽃 뜨기, 지금 시작해볼까요?

손뜨개꽃길

THANKS TO

책을 준비하는 동안 친구, 이모, 선생님 등 모든 역할을 대신하며 곁을 지켜준 사랑하는 미애와 한결같이 챙기며 애써준 김실장 김이선,
항상 나를 웃게 하는 내 동생 유하나, 머물러 있던 내게 나아갈 용기를 준 일론 박라미 대표님께 감사의 마음을 전합니다.
소중한 가족들과 온 마음으로 응원해준 남편, 나의 가장 소중한 꽃 지용이와 서주에게 사랑과 감사를 전합니다.
장윤선 편집자님을 비롯한 한스미디어 스태프분들에게도 감사의 마음을 보냅니다.
마지막으로 어깨 너머로 뜨개의 세상을 알려주신, 사랑하고 사랑하는 엄마에게 이 책을 드립니다.

contents

Prologue
5

꽃 뜨기를 시작하기 전에

재료와 도구
10

실
12

이 책을 보는 법
13

코바늘 기초 레슨
14

뜨개 꽃 만들기

01 안개꽃	02 골든볼	03 천일홍	04 설유화	05 수국	06 계란꽃	07 소국	08 칼라	09 튤립	10 샤스타데이지	11 스위트피
Baby's breath	Golden ball	Globe amaranth	Thunbergii meadowsweet	Hydrangea	Egg flower	Chrysanthemum	Calla	Tulip	Shasta daisy	Sweet pea
24	28	32	40	46	54	60	66	72	80	86

번호	이름	영문	페이지
12	수선화	Daffodil	92
13	거베라	Aicen daisy	100
14	화이트 옥시페탈룸	White Star	108
15	블루 옥시페탈룸	Tweedia	116
16	버터플라이 라넌큘러스	Butterfly ranunculus	122
17	카네이션	Carnation	130
18	프리지아	Freesia	138
19	리시안셔스	Prairie gentian	148
20	아네모네	Windflower	158
21	스토크	Brompton stock	168
22	스카비오사	Sweet scabious	176
23	장미	Rose	188
24	레몬 잎	Salal	198
25	루스커스	Butcher's broom	202
26	유칼립투스 블랙잭	eucalyptus blackjack	208
27	유칼립투스 폴리안	eucalyptus polian	214
28	잎설유	Leaf of thunbergs mint bush	220
29	홍화목	Loropetalum	224
30	아이비	Ivy	230

꽃다발 스타일링 추천 236

꽃 뜨기를 시작하기 전에

CROCHET FLOWER
BASIC

재료와 도구

❶ 코바늘
- 레이스용 코바늘
가는 실로 편물을 뜰 때 사용합니다. 0호에서 14호까지 있으며 호수가 클수록 바늘 두께가 얇아집니다. 이 책에서는 4호(1.25mm), 2호(1.5mm), 0호(1.75mm)를 사용합니다.

- 모사용 코바늘
굵은 실로 편물을 뜰 때 사용합니다. 2호에서 10호까지 있으며 호수가 클수록 코바늘의 두께가 두꺼워집니다. 이 책에서는 4호(2.5mm)를 사용합니다.

❷ 돗바늘
꽃이나 잎을 연결할 때 사용합니다. 글루건 사용이 어려울 경우, 돗바늘로 대체해도 좋습니다.

❸ 가위
실을 자를 때 사용합니다. 끝이 날렵한 수예용 가위가 적합합니다.

❹ 글루건과 심
편물을 붙일 때 사용합니다. 화상의 위험이 있으니 사용할 때 꼭 보호용 장갑을 착용합니다.

❺ 순간접착제(브러시형)
편물을 마무리할 때, 매듭이 풀리지 않게 고정할 때, 철사에 꽂이나 잎을 고정할 때 사용합니다. 화상의 위험이 있으니 사용할 때 꼭 보호용 장갑을 착용합니다.

❻ 줄기용 철사
a. 꽃철사
18호부터 27호까지 있으며 호수가 클수록 철사의 굵

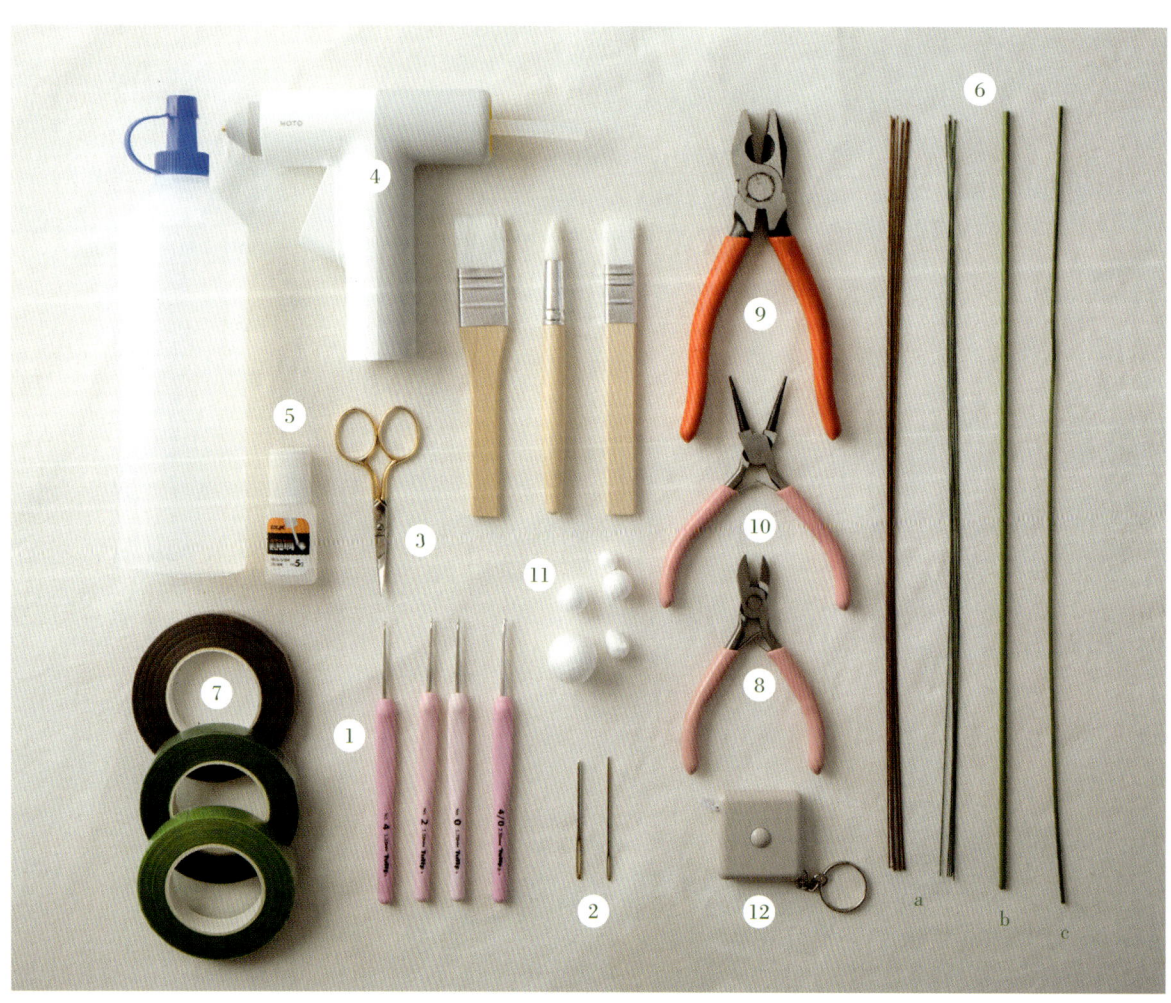

기가 가늘어집니다. 이 책에서는 초록색(18호, 23호, 27호)과 갈색(27호) 꽃철사를 사용합니다.

b. 식물 지지대
꽃철사 18호보다 굵은 줄기를 표현할 때는 식물 지지대용 철사를 사용합니다. 2mm~5mm등 여러 사이즈가 있으나 3mm 이상은 손으로 자르기가 어려워서 이 책에서는 2mm 철사만 사용합니다.

c. 조화 줄기
고무 안에 와이어가 들어 있어 자연스러운 줄기를 표현할 때 좋은 재료입니다. 지탱하는 힘이 약한 편이라 작은 꽃을 연결할 때 추천합니다. 23호나 18호 꽃철사 대신 사용할 수 있습니다.

❼ 꽃테이프
꽃이나 잎을 줄기에 연결할 때 사용합니다. 이 책에서는 연두색, 초록색, 갈색 꽃테이프를 사용합니다.

❽ 니퍼
꽃철사를 자를 때 사용합니다.

❾ 펜치
식물 지지대를 자를 때 사용합니다.

❿ 구자말이 집게
철사를 구부리거나 편물에 스티로폼 공을 넣을 때 사용합니다.

⓫ 스티로폼 공
편물의 모양을 잡고 줄기를 고정할 때 사용합니다. 이 책에서는 10mm, 15mm, 20mm, 25mm 둥근 스티로폼 공과 15mm 물방울 모양을 사용합니다.

⓬ 줄자
철사나 꼬리실 길이를 잴 때 사용합니다.

풀 먹이기

편물을 완성한 후 풀을 먹여서 마무리하면 완성한 편물이 안쪽으로 말리지 않고 예쁘게 유지됩니다. 전용 트레이를 마련해두면 편리하게 풀을 먹일 수 있습니다. 바닥에 물티슈나 얇은 천을 한 장 깔고 편물을 올려 풀을 먹이면 더 편리합니다.

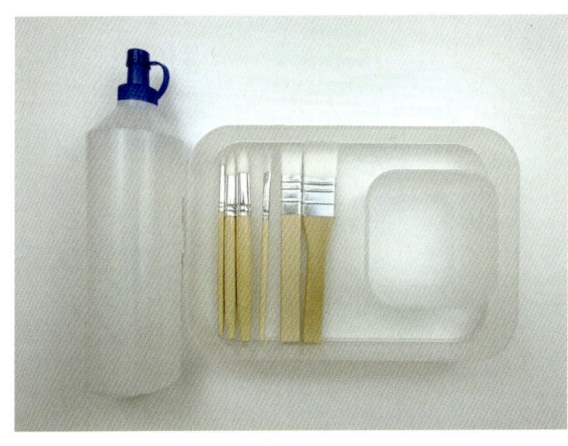

- 물풀과 물을 섞어서 붓으로 편물에 발라줍니다.
- 작은 편물에는 둥근 붓을, 큰 편물은 납작 붓을 사용하면 편리합니다.
- 물과 풀의 비율은 보통 10:1 정도로 맞춰줍니다.
- 잎설유 등 철사 없이 사용하는 편물은 모양이 잘 잡히도록 물과 풀의 비율을 2:1 정도로 맞춰 풀을 강하게 먹입니다.
- 꽃의 경우, 꽃잎 끝을 위주로 풀을 먹이고, 잎은 전체적으로 고르게 발라줍니다.

TIP
- 풀을 먹이면 모양은 고정되나 꽃잎 특유의 하늘거리는 느낌이 사라질 수 있습니다. 꽃을 풀을 먹여 완전히 말린 후 너무 뻣뻣한 부분은 편물을 손으로 비벼서 풀어주면 됩니다.
- 시간이 지나 편물의 모양이 변형되면 분무기로 물을 뿌려서 모양을 잡아주고 완전히 말리면 다시 원하는 모양으로 돌아옵니다.
- 물풀이 없거나 편물이 자연스럽게 말리는 걸 원하는 경우에도 바로 사용하는 것은 추천하지 않습니다. 편물을 완성한 후 물에 흠뻑 적셔서 모양을 잡아주고 완전히 말려서 사용합니다.

실

이 책에 수록된 작품의 사용 실을 소개합니다. 하지만 원하는 완성품에 따라 다른 실을 선택해도 괜찮습니다. 가는 실로 뜨면 꽃 특유의 하늘거리는 느낌을 잘 표현할 수 있고, 굵은 실로 뜨면 작품이 크게 완성되어 풍성하게 연출할 수 있습니다. 굵기가 비슷한 실끼리 호환이 되니 취향에 맞게 골라 다양하게 작품을 만들어보세요.

*실의 굵기 비교　　타조실 40수, 클리아실, 실크인견사 < 타조실 30수 < 오메가실, 앤실, 타조실 20수 < 가잘베이비코튼실

1	오메가실 Omega	실켓가공 코튼(Mecerlzed cotton) 100%	75g
2	클리아실 Cléa	코튼 100%	클리아 500- 75g ǀ 클리아 베이비- 25g
3	타조실 40수	코튼 100%	65g
4	타조실 30수	코튼 100%	50g
5	타조실 20수	코튼 100%	65g
6	앤실 Anne	코튼 100%	앤 250- 75g ǀ 앤 베이비- 20g
7	가잘 베이비 코튼실 GAZZAL BABY COTTON	코튼 60%, 아크릴 40%	50g
8	실크인견사	레이온 50%, 아크릴 50%	90g

이 책을 보는 법

- '만드는 법' 사진 중에는 코가 잘 보이도록 다른 색의 실을 사용하거나, 중간에 실 색을 바꾼 경우가 있습니다. '재료'에서 실 색상을 확인하고 설명을 따라 작품을 만듭니다. 실을 바꾸라는 설명이 따로 없으면 뜨던 실로 계속 이어서 진행합니다.

- 다음 사진으로 넘어갈 때 같은 코에 진행하라는 설명이 따로 없으면 다음 코에 진행합니다.

- **도안에서 ' - '는 다음 코에서 진행하는 것을 뜻합니다.**

    예) 짧은뜨기 1코 - 한길 긴뜨기 2코-한길 긴 2코 늘려뜨기 1코
    : 순서대로 짧은뜨기 1코를 뜨고 다음 코에 한길 긴뜨기 1코, 다음 코에 한길 긴뜨기 1코, 다음 코에 한길 긴 2코 늘려뜨기 1코를 뜹니다.

- **도안에서 ' , ' 표시는 같은 코에 진행하는 것을 뜻합니다.**

    예) 사슬 1코, 긴뜨기 1코, 한길 긴뜨기 1코 - 두길 긴뜨기 1코
    : 사슬 1코, 긴뜨기 1코, 한길 긴뜨기 1코를 모두 같은 코에 뜨고 다음 코에 두길 긴뜨기 1코를 뜹니다.

- **도안에서 ' [ ] ' 표시는 반복할 구간을 안내합니다.**

    예) [사슬 1코, 짧은뜨기 1코 - 긴뜨기 1코] 2번
    : '사슬 1코를 뜨고 같은 코에 짧은뜨기 1코를 뜨고 다음 코에 긴뜨기 1코를 뜹니다.' 이를 2번 반복해서 총 4코를 뜹니다.

- **'첫 코에 빼뜨기'는 기둥 사슬코를 제외한 첫 코에 빼뜨기 하는 것을 뜻합니다.**

    예) 첫 한길 긴뜨기코에 빼뜨기: (기둥 사슬 3코 제외하고) 첫 한길 긴뜨기코(사슬 4번째 코)에 빼뜨기를 뜹니다.

- 편물을 완성하면 매듭을 짓고 실을 자르는 등 동일한 과정이 뒤따릅니다. 실을 깔끔하게 자르고 매듭이 풀리지 않게 순간접착제로 고정해주거나 매듭이 티나지 않도록 숨기는 과정은 매번 새로 설명하지 않고 '마무리'라고 표현합니다.

- 꽃철사에 꽃테이프를 감을 때는 시작 부분을 고정시키고 당겨가며 감습니다.

코바늘 기초 레슨

매직링으로 시작하기

1. 실을 손 뒤에서 가져와 소지와 약지 사이에 끼운다. 약지와 중지를 지나 검지에 걸어 손 앞으로 가져온다.

2. 엄지와 중지로 가져온 실을 잡는다.

3. 반대편 손의 엄지와 검지로 실을 잡고 뒤집어서 링을 만든다.

4. 링이 풀리지 않게 엄지와 검지로 잡는다.

5. 코바늘을 연필 잡듯이 잡는다. 링에 바늘을 넣고 실을 걸어 링 밖으로 뺀다.

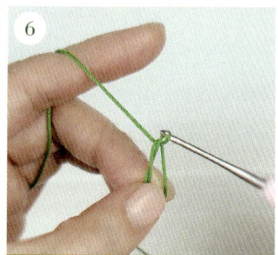

6. 준비 코 완성.(준비 코는 1코로 세지 않는다.)

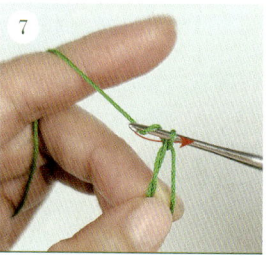

7. 실을 걸어 바늘에 걸린 코 사이로 뺀다.(사슬뜨기)

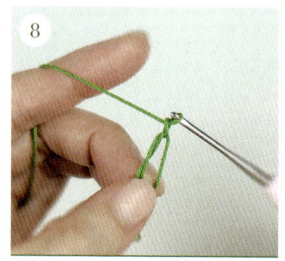

8. 완성.(7을 반복해 필요한 만큼 기둥코를 뜬다.)

사슬뜨기로 시작하기

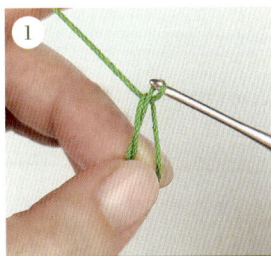
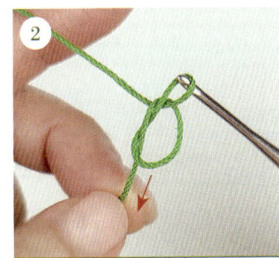
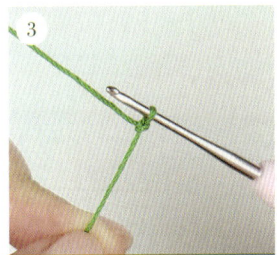

1. '매직링으로 시작하기' ①~⑥을 진행한다.
2. 바늘이 걸린 상태에서 꼬리실을 아래로 당긴다.
3. 준비 코 완성.(준비 코는 1코로 세지 않는다.)

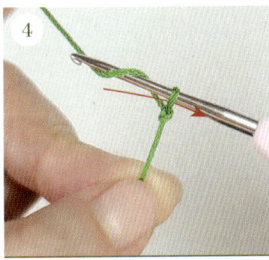
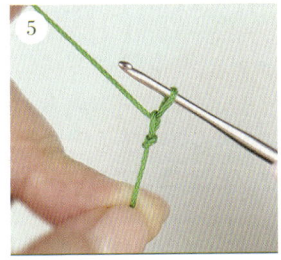

4. 실을 걸어 바늘에 걸린 코 사이로 뺀다.(사슬뜨기)
5. 사슬 1코 완성.
6. ④를 반복해 필요한 만큼 뜨면 완성.

빼뜨기

1. 뜰 코에 바늘을 넣는다.
2. 실을 걸어 바늘에 걸린 모든 코를 통과시킨다.
3. 빼뜨기 완성.

이랑 빼뜨기

1. 뜰 코의 뒤쪽 반코에 바늘을 넣는다.
2. 실을 걸어 바늘에 걸린 모든 코를 통과시킨다.
3. 이랑 빼뜨기 완성.

짧은뜨기

1. 사슬 1코를 떠서 기둥코를 만든다.

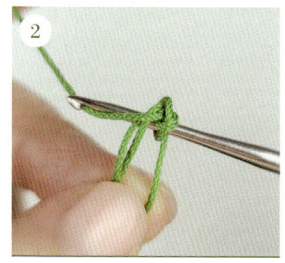
2. 뜰 코에 바늘을 넣어 실을 걸고 코 사이로 뺀다.

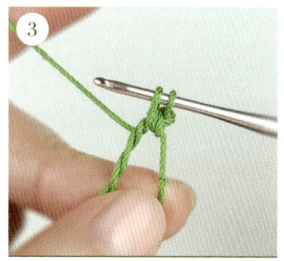
3. 바늘에 2코가 걸린 모습.

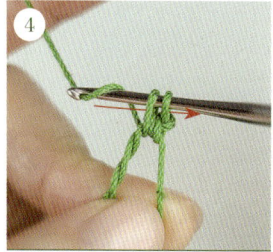
4. 다시 실을 걸어서 바늘에 걸린 모든 코를 통과시킨다.

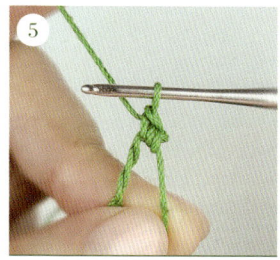
5. 짧은뜨기 완성.

짧은 2코 늘려뜨기

1. 뜰 코에 짧은뜨기 1코를 뜬다.

2. 짧은뜨기 1코를 뜬 모습.

3. 같은 코에 짧은뜨기 1코를 더 뜬다.

4. 짧은 2코 늘려뜨기 완성.

짧은 2코 모아뜨기

뜰 코에 바늘을 넣어 실을 걸고 코 사이로 뺀다.

바늘에 2코가 걸린 모습.

다음 코에 바늘을 넣어 실을 걸고 코 사이로 뺀다.

바늘에 3코가 걸린 모습.

다시 실을 걸어서 바늘에 걸린 모든 코를 통과시킨다.

짧은 2코 모아뜨기 완성.

짧은 이랑뜨기

뜰 코 뒤쪽 반코에 바늘을 넣는다.

실을 걸어 코 밖으로 뺀다.

바늘에 2코가 걸린 모습.

다시 실을 걸어서 바늘에 걸린 모든 코를 통과시킨다.

짧은 이랑뜨기 완성.

긴뜨기

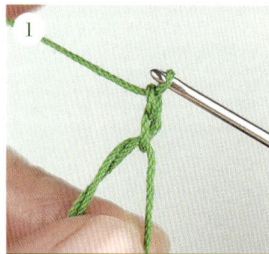	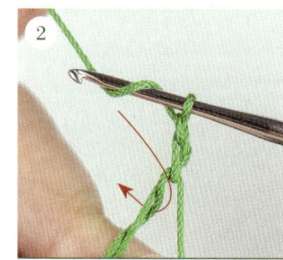	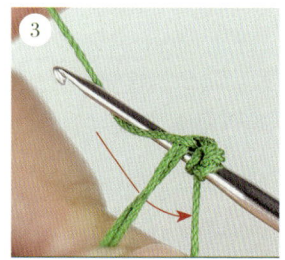
사슬 2코를 떠서 기둥코를 만든다.	바늘에 실을 걸어 뜰 코에 넣는다.	실을 걸어 코 밖으로 뺀다.

바늘에 3코가 걸린 모습.	다시 실을 걸어서 바늘에 걸린 모든 코를 통과시킨다.	긴뜨기 완성.

한길 긴뜨기

	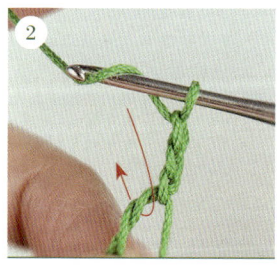	
사슬 3코를 떠서 기둥코를 만든다.	바늘에 실을 걸어 뜰 코에 넣는다.	실을 걸어 코 밖으로 뺀다.

바늘에 3코가 걸린 모습.	다시 실을 걸어서 바늘에 걸린 3코 중 2코를 통과시킨다.	바늘에 2코가 걸린 모습.

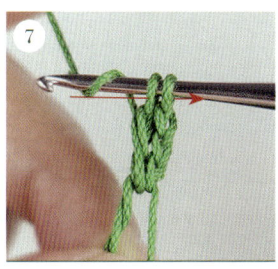
다시 실을 걸어서 바늘에 걸린 2코를 통과시킨다.

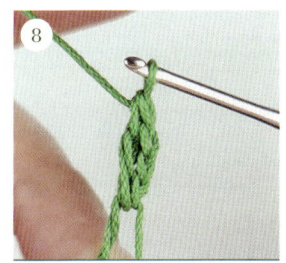
한길 긴뜨기 완성.

한길 긴 2코 늘려뜨기

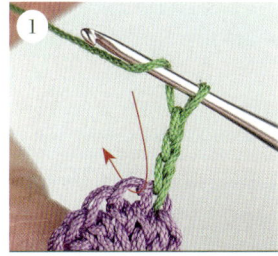
뜰 코에 한길 긴뜨기 1코를 뜬다.

한길 긴뜨기 1코 완성.

같은 코에 한길 긴뜨기 1코를 더 뜬다.

한길 긴 2코 늘려뜨기 완성.

한길 긴 2코 모아뜨기

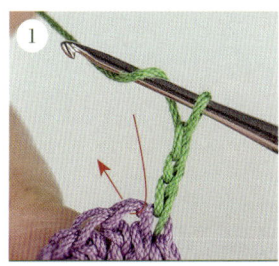
바늘에 실을 걸어 뜰 코에 넣는다.

실을 걸어 코 밖으로 뺀다.

다시 실을 걸어 바늘에 걸린 3코 중 2코를 통과시킨다.

실을 걸어 다음 코에 넣는다.

실을 걸어 코 밖으로 뺀다.

다시 실을 걸어 바늘에 걸린 4코 중 2코를 통과시킨다.

다시 실을 걸어 바늘에 걸린 3코를 통과시킨다.

한길 긴 2코 모아뜨기 완성.

두길 긴뜨기

사슬 4코를 떠서 기둥코를 만든다.

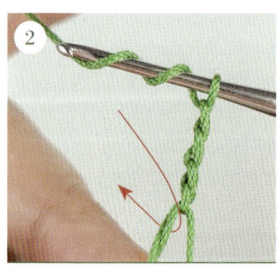
바늘에 실을 두 번 감아 뜰 코에 넣는다.

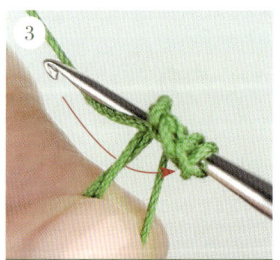
실을 걸어 코 밖으로 뺀다.

다시 실을 걸어 바늘에 걸린 4코 중 2코를 통과시킨다.

다시 실을 걸어 바늘에 걸린 3코 중 2코를 통과시킨다.

다시 실을 걸어 바늘에 걸린 2코를 통과시킨다.

두길 긴뜨기 완성.

세길 긴뜨기

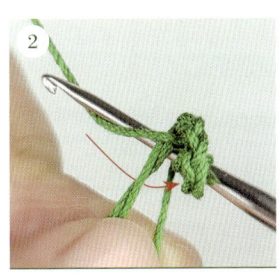
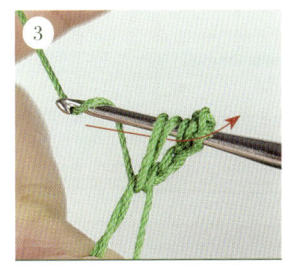

1. (기둥 사슬코 5코를 뜨고) 바늘에 실을 세 번 감아 뜰 코에 넣는다.
2. 실을 걸어 코 밖으로 뺀다.
3. 다시 실을 걸어 바늘에 걸린 5코 중 2코를 통과시킨다.

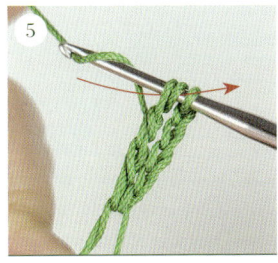

4. 다시 실을 걸어 바늘에 걸린 4코 중 2코를 통과시킨다.
5. 다시 실을 걸어 바늘에 걸린 3코 중 2코를 통과시킨다.
6. 다시 실을 걸어 바늘에 걸린 2코를 통과시킨다.
7. 세길 긴뜨기 완성.

꽃잎 옆코 주워 빼뜨기

1. 꽃잎을 3단까지 뜬 후 사슬 2코를 뜬다.
2. 1단 왼쪽 끝 한길 긴뜨기 옆코에 바늘을 넣어 빼뜨기를 뜬다.

3. 사슬 2코를 뜬다.
4. 1단 시작코에 빼뜨기를 뜬다.

뜨개 꽃 만들기

CROCHET FLOWER
HOW TO MAKE

Baby's breath

안개꽃의 꽃말은 '사랑의 성공', '맑은 마음'으로 소중한 사람에게 선물하기 좋은 꽃입니다.
다양한 굵기와 여러 가지 색의 실을 사용해 만들면 더욱 생화 같습니다.
튤립, 장미 등과 섞어서 꽃다발을 만들거나 카드나 선물에 살포시 붙여서 활용해보세요.

안개꽃

INFORMATION

재료

꽃: 타조실 30수 / 20수

아이보리 / 베이비핑크 / 핫핑크 각 1g 미만

꽃철사 27호 30cm

도구

30수: 1.5mm 코바늘 / 20수: 1.75mm 코바늘

가위, 니퍼, 순간접착제

완성 사이즈 — 30수: 약 0.5cm × 0.5cm /
20수: 약 1cm × 1cm

꽃

 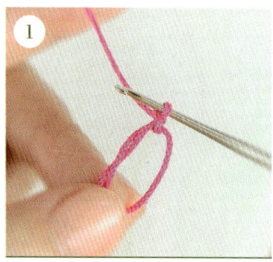  

1. 꽃 실로 매직링을 만들고 사슬 1코를 뜬다.
2. 매직링에 짧은뜨기 5코를 뜬다.
3. 꼬리실을 당겨서 편물을 조이고 앞쪽으로 가져온다. 첫 짧은뜨기 코에 빼뜨기를 뜬다.

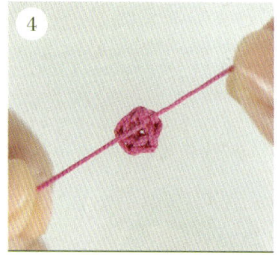 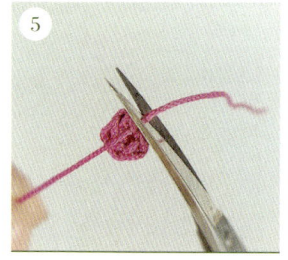 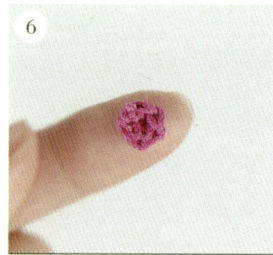

4. 실을 자르고 꼬리실과 함께 묶는다.
5. 실을 깔끔하게 자르고 순간접착제를 바른다.
6. 꽃 완성.

연결하기

1. 편물의 뒷면을 눌러서 봉긋한 모양으로 만든다.
2. 꽃철사를 꽃 뒤쪽에서 꽂는다. 이때 꽃철사 끝부분이 0.5cm 정도 보이게 꽂아준다.
3. 철사 윗부분에 순간접착제를 바른다.

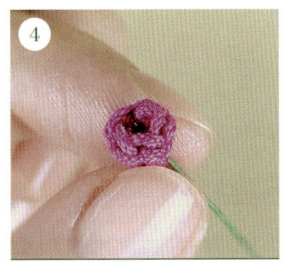   

④ 꽃을 순간접착제 바른 부분으로 올려 철사에 고정한다.

⑤ 꽃 안쪽에도 순간접착제를 발라 풀리지 않게 고정한다.

⑥ 꽃 아래쪽도 순간접착제를 발라 고정한다.

⑦ 안개꽃 완성.

⑧ 취향에 따라 꽃 1송이를 더 떠서 붙인다. ⑦의 꽃 3~4cm 정도 아래에 순간접착제를 바르고 새 꽃을 고정한다.

⑨ 꽃이 2송이인 안개꽃 완성.

TIP 얇은 실과 굵은 실로 꽃잎 크기를 다르게 만들고 ⑦, ⑨를 섞어서 사용하면 더욱 풍성한 꽃다발을 만들 수 있다.

골든볼

Golden ball

골든볼은 황금색 공처럼 생겨서 붙여진 이름입니다.
노란 알사탕이 연상되는 독특한 모양 덕분에 포인트로 활용하기 좋으며 레몬잎, 유칼립투스 블랙잭, 안개꽃 등과 잘 어울려요.
모헤어 실을 사용하면 조금 더 포근한 느낌을, 머스터드색 실과 갈색 줄기로 만들면 드라이플라워 느낌을 낼 수 있어요.

INFORMATION

재료
꽃: 타조실 20수 진노랑 1g
꽃철사 18호 30cm (조화 줄기 사용 가능)
스티로폼 공 20mm, 25mm

도구
1.75mm 코바늘
순간접착제, 가위, 니퍼

완성 사이즈 — S 약 2.5cm × 2.5cm / M 약 3cm × 3cm
(S 사이즈 기준의 도안입니다. M 사이즈는 그대로 따라하되 괄호가 나오면 괄호 안의 숫자를 따라 뜹니다.)

꽃

꽃 실로 매직링을 만들고 사슬 1코를 뜬다.

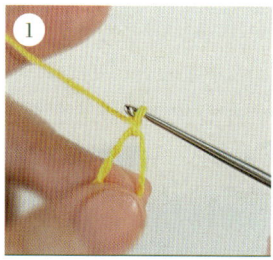

매직링에 짧은뜨기 9코(11코)를 뜬다. 꼬리실을 당겨서 편물을 조인다. 첫 짧은뜨기 코에 빼뜨기를 뜬다.

2단 사슬 1코, 짧은뜨기 1코-짧은 2코 늘려뜨기 8코(10코)-첫 짧은뜨기 코에 빼뜨기를 뜬다.

3단 사슬 1코, 짧은뜨기 1코-짧은뜨기 16코(20코)-첫 짧은뜨기 코에 빼뜨기를 뜬다.

4~6단(4~7단) 편물의 뒷면이 공의 겉면이 되도록 잡고 3단과 동일하게 뜬다.

스티로폼 공 20mm(25mm)를 편물 안에 넣는다.

사슬 1코, 짧은뜨기 1코를 뜬다.

짧은 2코 모아뜨기 8코(10코)-첫 짧은뜨기 코에 빼뜨기를 뜬다.

실을 20cm 정도 남기고 자른다.

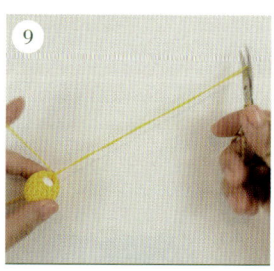

실을 감침질하듯 각 코에 감는다. 코바늘을 코에 넣어 실을 안쪽으로 걸어온다.

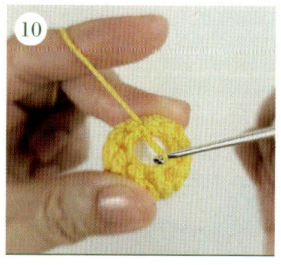

안쪽에 걸린 실을 잡아 바깥으로 보낸다.

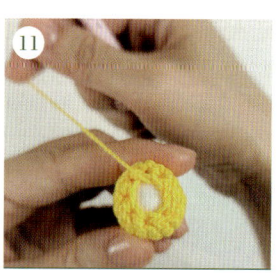

다음 코에 바늘을 넣어 실을 다시 안쪽으로 걸어온다.

실을 잡아 바깥으로 보낸다.

마지막 코까지 반복해서 실을 감는다.

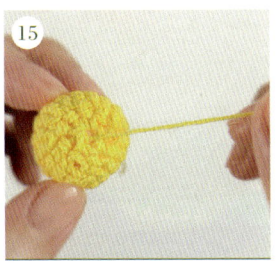
실이 끊어지지 않게 주의하며 실을 당겨 편물을 오므린다.

매듭짓고 실을 깔끔하게 잘라 마무리한다.

연결하기

꽃철사 윗부분 2cm 정도에 순간접착제를 바른다.

완성한 꽃을 철사에 꽂아 고정한다.

연결 부위에 순간접착제를 발라 고정한다.

철사를 구부려 자연스러운 모양을 만든다. 골든볼 완성.

Globe amaranth

예쁜 방울 모양의 천일홍은 생화로도, 드라이플라워로도 많은 사랑을 받고 있는 꽃입니다.
화병꽂이로 사용하거나 줄기를 짧게 잘라 그릇에 담으면
천일홍의 사랑스러운 매력을 느낄 수 있을 거예요.

천일홍

INFORMATION

재료
꽃잎: 실크인견사 853(꽃분홍색) / 866(분홍색) 1g
잎: 클리아실 5800(바질색) 1g
꽃철사 23호(조화 줄기 사용 가능)
스티로폼 공 10mm
연두색 꽃테이프

도구
1.5mm 코바늘
가위, 니퍼, 글루건, 순간접착제, 물풀, 물, 붓

완성 사이즈 ─ 꽃: 약 2cm × 2cm / 잎 1: 약 1.5cm × 2.5cm / 잎 2: 약 5cm × 6.5cm

꽃잎

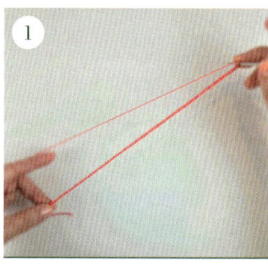

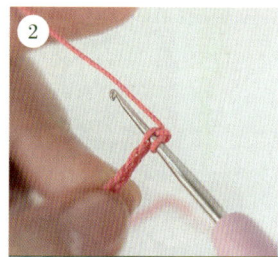

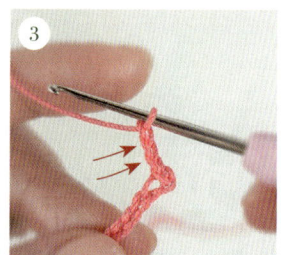

꽃잎 실로 사슬 70코를 뜬다.

빼뜨기 1코를 뜬다.

사슬 3코를 뜨고 사슬을 따라 빼뜨기 2코를 뜬다.

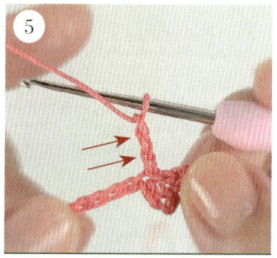

1코를 건너뛰고 다음 코에 빼뜨기를 뜬다.

사슬 3코를 뜨고 사슬을 따라 빼뜨기 2코를 뜬다.

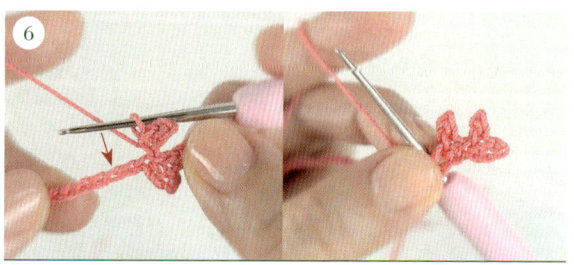

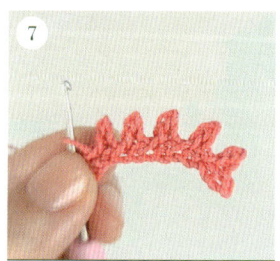

1코를 건너뛰고 다음 코에 빼뜨기를 뜬다.

⑤~⑥을 반복해 마지막 코까지 뜬다.

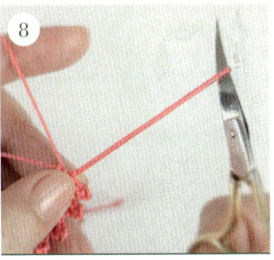

실을 잘라 매듭짓고 깔끔하게 마무리한다.

꽃잎 완성.

잎 1

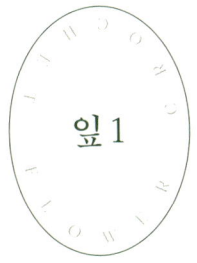

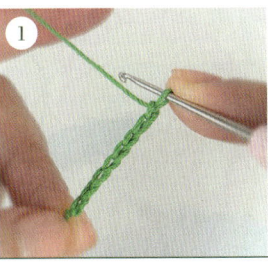

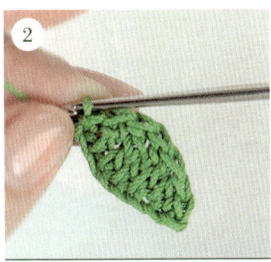

잎 실로 사슬 8코를 뜬다.

짧은뜨기 1코 - 긴뜨기 1코 - 한길 긴뜨기 1코 - 두길 긴뜨기 2코 - 한길 긴뜨기 1코 - 빼뜨기 1코를 뜬다.

사슬 12코를 뜬다.

짧은뜨기 1코 - 긴뜨기 1코 - 한길 긴뜨기 1코 - 두길 긴뜨기 6코 - 한길 긴뜨기 1코 - 빼뜨기 1코를 뜬다.

실을 잘라 매듭짓고 깔끔하게 마무리한다.

잎 1 완성.

잎 2

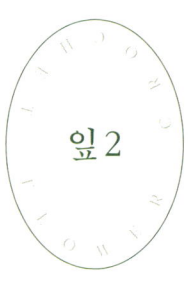

잎 실로 사슬 25코를 뜬다.

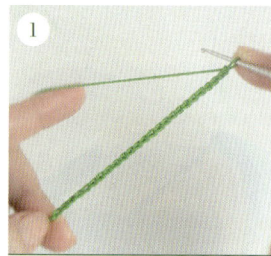

짧은뜨기 3코-긴뜨기 3코-한길 긴뜨기 3코를 뜬다.

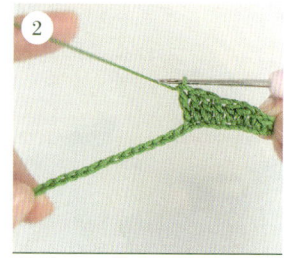

두길 긴뜨기 10코-한길 긴뜨기 4코-짧은뜨기 1코-사슬 1코를 뜬다.

잎이 대칭이 되도록 뜬다. 짧은뜨기 1코-한길 긴뜨기 4코를 뜬다.

두길 긴뜨기 10코-한길 긴뜨기 3코-긴뜨기 3코-짧은뜨기 2코-빼뜨기 1코-사슬 1코-화살표 방향으로 빼뜨기 25코를 뜬다.

사슬 20코를 뜬다.

짧은뜨기 3코-긴뜨기 3코-한길 긴뜨기 3코를 뜬다.

두길 긴뜨기 5코-한길 긴뜨기 4코-짧은뜨기 1코-사슬 1코를 뜬다.

9
잎이 대칭이 되도록 뜬다..
짧은뜨기 1코-한길 긴뜨기 4코를 뜬다.

10
두길 긴뜨기 5코-한길 긴뜨기 3코-긴뜨기 3코-짧은뜨기 2코-빼뜨기 1코-사슬 1코-화살표 방향으로 빼뜨기 20코를 뜬다.

11
실을 25cm 정도 남기고 자른다.

12
매듭짓고 ⑪의 실은 남기고 꼬리실은 깔끔하게 자른다.

13
잎 1, 2에 풀을 살짝 먹여서 말린다.

연결하기

1. 꽃철사 윗부분 2cm 정도 비우고 꽃테이프를 고정한 뒤 사선 방향으로 감아준다.

2. 테이프가 잘 붙도록 당기며 끝까지 감는다.

3. 비어있는 철사 윗부분에 순간접착제를 바른다.

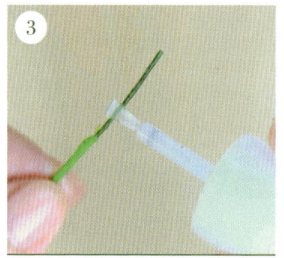

4. 스티로폼 공을 철사에 꽂는다. 이때 철사 끝부분을 0.5cm 정도 남기고 잘라준다.

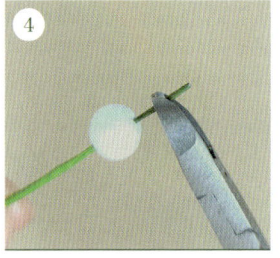

5. 매듭이 왼쪽에 오도록 완성한 꽃잎을 잡는다.

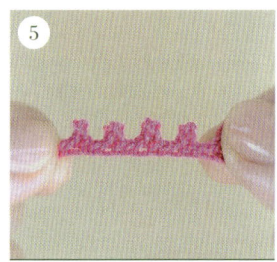

6. 글루건으로 꽃잎 아랫부분에 접착제를 바르고 철사에 붙인다.

7. 꽃잎 4장까지 접착제를 발라 감는다.

8. 스티로폼 공에 접착제를 조금씩 바르며 나선형으로 꽃잎을 붙인다.

9. 꽃잎 아래에 접착제를 바르고 잎 1을 붙인다. 이때 스티로폼 공이 보이지 않도록 주의하며 철사를 감싸서 붙인다.

10. 잎 2의 남겨둔 실을 돗바늘에 꿴다. 원하는 위치에 고정한 후 실을 잘라 매듭짓고 마무리한다.

11. 철사를 구부려 자연스러운 모양을 만든다. 천일홍 완성.

Globe amatanth

설유화

Thunberg's meadowsweet

설유화는 작고 하얀 꽃이 가지에 가득 피어 고급스러운 분위기를 연출할 수 있는 꽃입니다.
꽃과 잎을 자유롭게 붙이되 뒷면의 매듭이 보이지 않도록 신경 쓰며 작업해주세요.
꽃 없이 잎만 가는 철사에 붙이면 덩굴 느낌이 나 다른 꽃과 조합하기 좋습니다.

INFORMATION

재료

꽃술, 잎: 클리아실 5800(바질색) 3g
꽃잎: 실크인견사 802(아이보리색) /
타조실 40수 아이보리색 3g
줄기: 갈색 꽃철사 18호 30~40cm
잎만 붙이는 줄기: 꽃철사 27호 30~40cm

도구

1.25mm 코바늘
가위, 니퍼, 글루건, 순간접착제, 물풀, 물, 붓

완성 사이즈 — 꽃: 약1cm × 1cm /
잎 1: 약1cm × 0.7cm / 잎 2: 약1.5cm × 1cm

꽃

1. 꽃술 실로 매직링을 만들어 사슬 1코를 뜬다.

2. 매직링에 짧은뜨기 4코를 뜬다. 꼬리실을 당겨서 편물을 조인다.

3. 첫 짧은뜨기 뒤쪽 반코에 바늘을 넣고 꽃잎 실을 걸어 이랑 빼뜨기를 뜬다.

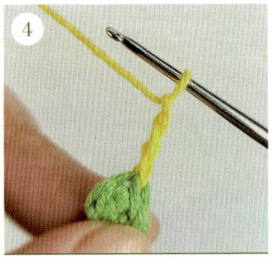

4. 사슬 3코를 뜬다.

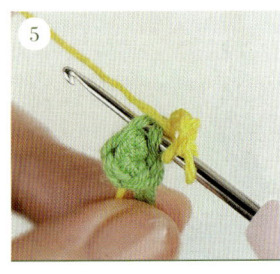

5. 같은 코에 한길 긴 이랑뜨기 (사진처럼 2코가 걸리게 뜬다.) 1코를 뜬다.

6. 사슬 3코를 뜬다.

7. 같은 코에 이랑 빼뜨기 (사진처럼 2코가 걸리게 뜬다.) 1코를 뜬다.

8. 다음 코에 이랑 빼뜨기 1코를 뜬다.

9. ④~⑧을 반복해 꽃잎 5장을 뜬다. 마지막 꽃잎은 시작코에 뜨고 마지막 이랑 빼뜨기는 뜨지 않는다.

10 실을 자르고 편물을 뒤집는다.

11 편물 뒷편에서 매듭짓고 깔끔하게 마무리한다.

12 매듭에 순간접착제를 발라 고정한다.

13 꽃 완성.

14 같은 방법으로 꽃 12송이를 만든다.

잎

1. 잎 실로 사슬 8코를 뜬다.

2. 짧은뜨기 1코-한길 긴뜨기 2코-두길 긴뜨기 2코-한길 긴뜨기 1코-빼뜨기 1코를 뜬다.

3. 사슬 6코를 뜬다.

4. 짧은뜨기 1코-한길 긴뜨기 3코-빼뜨기 1코를 뜬다.

5. 실을 잘라 매듭짓고 깔끔하게 마무리한다.

6. 매듭에 순간접착제를 발라 고정한다.

7. 같은 방법으로 잎 10장을 만든다.

8. 완성한 꽃과 잎에 풀을 먹여서 말린다.

연결하기

1. 꽃철사 18호 끝에 잎 하나를 글루건으로 붙인다.

2. 꽃 2송이를 앞뒤로 붙인다.

3. ②의 꽃 1cm 정도 아래에 잎을 붙인다.

4. 꽃 3송이를 붙인다. 이때 꽃 뒷면 매듭이 보이지 않게 주의한다.

5. 전체적인 모양을 보면서 한 줄기에 꽃 12송이, 잎 10장을 자유롭게 붙인다.

6. 철사를 구부려 자연스러운 모양을 만든다.

TIP 줄기에 잎만 붙이고 싶을 경우, 꽃철사 27호에 2cm 정도 간격으로 잎 5~6장을 붙이고 철사를 구부려 자연스러운 모양을 만든다. 설유화와 함께 쓰거나 잎색을 바꿔 다른 꽃과도 조합할 수 있다.

7. 설유화 완성.

05

46

수국

Hydrangea

한 송이만으로도 탐스러운 꽃다발을 연출할 수 있는 수국은 축제가 열릴 정도로 많은 사랑을 받는 꽃입니다.
작게 만들어 꽃다발이나 화병꽂이에 사용해도 좋아요.
다양한 색으로 예쁘게 만들어보세요.

INFORMATION

재료

꽃잎: 실크인견사 812(라이트하늘색) /
802(아이보리색) / 클리아실 5215(민트그린) /
타조실 30수 연메론 40g(1.5mm 코바늘)
꽃술: 클리아 P9462(라임색) / 실크인견사 812
(라이트하늘색) 5g(1.5mm 코바늘)
잎: 오메가실 156(잔디색) 4g(1.75mm 코바늘)
줄기: 꽃철사 27호 35cm
잎이 달린 줄기: 꽃철사 23호 15cm 2개
연두색 꽃테이프

도구

1.5mm, 1.75mm 코바늘
가위, 집게, 니퍼,
글루건, 물풀, 물, 붓

완성 사이즈 ─ 꽃: 약 5cm × 5cm / 잎: 약 6cm × 8cm

꽃
꽃잎

1. 1.5mm 코바늘과 꽃잎 실로 매직링을 만들고 사슬1코를 뜬다.

2. 매직링에 짧은뜨기 4코를 뜬다. 꼬리실을 당겨서 편물을 조인다. 첫 짧은뜨기 코에 빼뜨기를 뜬다.

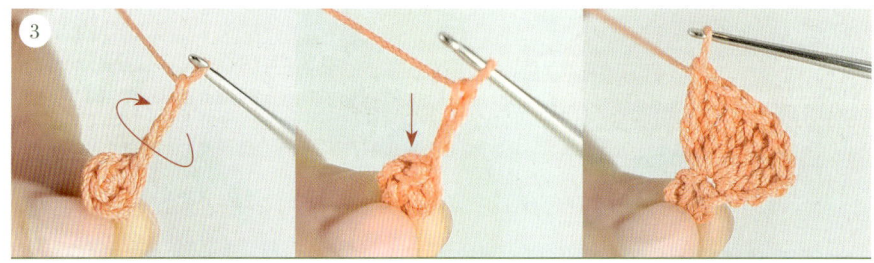

3. 사슬 4코를 뜨고 편물을 뒤집는다. 빼뜨기 코에 두길 긴 7코 늘려뜨기를 1코 뜬다.

4. **2단** 사슬 1코를 뜨고 편물을 뒤집는다.

5. 긴뜨기 1코, 한길 긴뜨기 1코를 뜬다.

6. 한길 긴 3코 늘려뜨기를 뜬다.

두길 긴뜨기 1코, 사슬 1코, 세길 긴뜨기 1코, 사슬 1코, 두길 긴뜨기 1코를 뜬다.

한길 긴 3코 늘려뜨기를 뜬다.

한길 긴뜨기 1코, 긴뜨기 1코를 뜬다.

사슬 1코, 마지막 코에 빼뜨기 1코 - 사슬 3코 - 1단의 시작코에 빼뜨기를 뜬다.

다음 코에 빼뜨기를 뜬다.

③~⑪을 반복해 꽃잎 4장을 뜬다.

실을 잘라 편물 앞면에서 매듭짓고 마무리한다.

꽃잎 완성. 같은 방법으로 꽃잎 50~60개를 만든다. 작게 만들 때는 꽃잎을 30개 정도 준비한다.

꽃잎 끝에 풀을 먹여서 말린다.

꽃
꽃술

 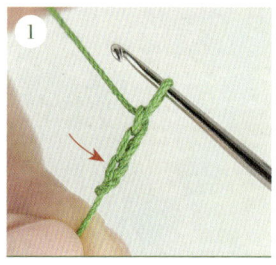 

1.5mm 코바늘과 꽃술 실로 사슬 3코를 뜬다. 첫 사슬에 한길 긴 2코 모아뜨기를 뜬다.

첫 사슬에 빼뜨기를 뜬다.

실을 자르고 매듭짓는다.

실을 깔끔하게 자르고 손끝으로 굴려서 공 모양으로 만든다. 꽃술 완성. 꽃술은 완성한 꽃잎 개수에 맞게 준비한다.

잎

 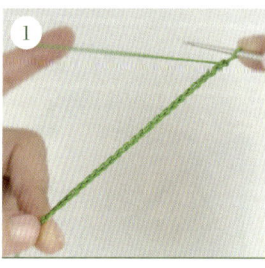  

1.75mm 코바늘과 잎 실로 사슬 25코를 뜬다.

빼뜨기 2코-짧은뜨기 2코-긴뜨기 2코-한길 긴뜨기 2코를 뜬다.

두길 긴뜨기 14코-한길 긴뜨기 1코-짧은뜨기 1코를 뜬다.

4번째 사슬에 꽃철사 23호를 넣는다. 사진과 같이 접어서 꼬아준다.

실과 바늘 사이에 철사를 넣고 사슬 1코를 뜬다. 이때 뜨기 편하도록 철사를 구부려준다.

잎이 대칭이 되도록 뜬다.
짧은뜨기 1코-한길 긴뜨기 1코-두길 긴뜨기 14코-한길 긴뜨기 2코-긴뜨기 2코-짧은뜨기 2코-빼뜨기 2코, 사슬1코를 뜬다.

2단 빼뜨기 2코-짧은뜨기 2코-긴뜨기 2코-한길 긴뜨기 2코를 뜬다.

두길 긴뜨기 14코-한길 긴뜨기 1코-짧은뜨기 1코를 뜬다.

사슬 1코-1코를 건너뛰고 다음 코에 짧은뜨기 1코-한길 긴뜨기 1코를 뜬다.

두길 긴뜨기 14코-한길 긴뜨기 2코-긴뜨기 2코-짧은뜨기 2코-빼뜨기 3코-사슬 1코를 뜬다.

3단 빼뜨기 6코를 뜬다.

[사슬 1코-빼뜨기 1코]를 7번 반복한다.

[사슬 2코-빼뜨기 1코]를 25번 반복한다.

[사슬 1코-빼뜨기 1코]를 7번 반복한다.

마지막 코까지 빼뜨기를 뜬다. 실을 자르고 매듭짓고 마무리한다. 잎 끝이 뾰족한 모양이 되도록 만져준다. 구부려둔 철사를 다시 편다.

같은 방법으로 잎 2장을 만든다.

연결하기

꽃잎 중앙에 꽃철사 27호를 꽂는다. 꽃잎 위로 나온 철사를 구부려 가까운 옆 코에 꽂아 아래로 당긴다.

아래로 당긴 철사를 가까운 코에 꽂아 다시 위로 뺀다.

철사를 0.5cm 정도 남기고 자른다. 남긴 철사를 구부려 꽃잎에 고정한다.

글루건으로 철사 위에 접착제를 바른다.

꽃술을 붙인다. 이때 잘 고정되도록 오래 눌러준다.

①~⑤를 반복해 꽃송이를 만든다. 꽃송이를 한 손으로 잡아 꽃이 반원 모양이 되도록 철사를 구부려 모양을 잡는다.

꽃송이 아래에 잎 두 장을 자연스러운 모양으로 넣는다.

꽃테이프로 철사를 끝까지 감아준다.

줄기가 휘어지지 않도록 꽃테이프를 여러 번 감는다.

수국 완성.

TIP 이 외에도 줄기를 표현하는 방법으로는 꽃테이프를 감은 후에 짧은 이랑뜨기로 줄기 전체를 뜨기(70p 칼라의 '꽃술' 참고.), 실로 감기 등이 있다.

egg flower

계란프라이 모양의 귀여운 꽃을 만들어봤습니다.
계란꽃이라고 불리는 개망초꽃보다는 미니 데이지나 캐모마일 꽃과 더 비슷하게 생겼어요.
분홍색 실로 뜨면 로단세와 비슷한 느낌을 낼 수 있습니다.

계란꽃

INFORMATION

재료
꽃잎: 타조실 30수 아이보리 1g
꽃술: 타조실 30수 진노랑 1g
꽃받침: 타조실 30수 올리브 1g
꽃철사 23호(조화 줄기 사용 가능)
스티로폼 공 10mm

도구
1.5mm 코바늘
가위, 집게, 니퍼, 글루건, 순간접착제

완성 사이즈 — 약 3cm × 3cm

꽃

1. 꽃술 실로 매직링을 만들고 사슬 1코를 뜬다.

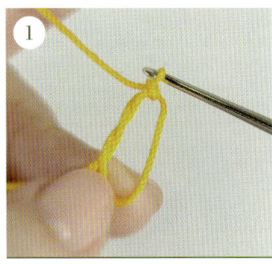

2. 매직링에 짧은뜨기 8코를 뜬다. 꼬리실을 당겨서 편물을 조인다. 첫 짧은뜨기 코에 빼뜨기를 뜬다.

3. **2단** 사슬 1코, 짧은뜨기 1코-짧은뜨기 7코-첫 짧은뜨기 코에 빼뜨기를 뜬다.

4. **3단** 사슬 1코, 짧은뜨기 1코-짧은뜨기 7코를 뜬다. 첫 짧은뜨기 코에 바늘을 넣고 꽃잎 실을 걸어 빼뜨기를 뜬다.

5. 사슬 4코를 뜬다.

6. 사슬을 따라 짧은뜨기 1코-한길 긴뜨기 1코-긴뜨기 1코를 뜬다.

7. 다음 코에 빼뜨기를 뜬다.

8. ⑤~⑦을 반복해 꽃잎 8장을 뜬다.

9. 마지막 빼뜨기는 ⑤의 시작코에 뜬다.

10. 실을 잘라 편물 뒷면에서 매듭짓고 마무리한다. 남은 실은 꽃술 안에 넣는다.

꽃받침

1. 꽃받침 실로 매직링을 만들고 사슬 3코를 뜬다.

2. 매직링에 한길 긴뜨기 9코를 뜬다.

3. 꼬리실을 당겨서 편물을 조이고 앞쪽으로 가져온다. 첫 한길 긴뜨기 코에 빼뜨기를 뜬다.

4. 실을 잘라 꼬리실과 매듭짓고 마무리한다. 남은 실은 꽃받침 안에 넣는다.

5. 꽃받침 완성.

연결하기

1. 글루건으로 꽃받침 안에 접착제를 바른다.

2. 스티로폼 공을 꽃받침 안에 넣고 고정한다.(공을 너무 누르면 바깥쪽으로 접착제가 튀어나올 수 있으니 주의.)

3. ②에 꽃철사를 꽂는다. 이때 끝부분이 0.5cm 정도 보이게 꽂아준다.

4. 집게를 이용해 튀어나온 철사를 구부려 고정한다.

5. 스티로폼 공 위에 접착제를 바른다.(접착제가 옆으로 튀어나오지 않도록 주의.)

6. 완성한 꽃을 붙인다. (잘 고정되도록 오래 누른다.)

7. 순간접착제로 들뜨는 부분을 고정한다.

8. 계란꽃 완성.

Egg flower

소국

Chrysanthemum

단풍 느낌이 나는 빨간색 실로 소국을 만들어 가을의 정취를 표현했습니다.
미니 과꽃의 꽃받침을 응용해 생기를 더했습니다.
실제 소국과 비슷하게 완성하고 싶다면 계란꽃의 꽃받침을 떠서 붙여주세요.

--- INFORMATION ---

재료

꽃잎: 타조실 40수 빨간색 1g
꽃술: 타조실 40수 진노랑색 1g
꽃받침: 클리아실 딥그린(5398) 1g
꽃철사 18호(조화 줄기 사용 가능)
연두색 꽃테이프, 스티로폼 공 10mm

도구

1.5mm 코바늘
가위, 집게, 니퍼, 글루건, 순간접착제, 물풀, 물, 붓

완성 사이즈 — 약 2.5cm × 2.5cm

꽃

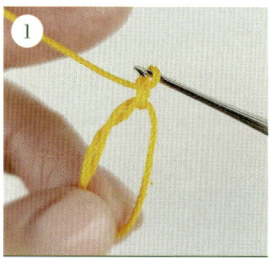

꽃술 실로 매직링을 만들고 사슬 1코를 뜬다.

매직링에 짧은뜨기 8코를 뜬다. 꼬리실을 당겨서 편물을 조인다. 첫 짧은뜨기 코에 빼뜨기를 뜬다.

2단 사슬 1코, 짧은뜨기 1코-짧은뜨기 7코-1번째 짧은뜨기 코에 빼뜨기를 뜬다.

3단 사슬 1코, 짧은뜨기 1코-짧은뜨기 7코-1번째 짧은뜨기 코에 바늘을 넣고 꽃잎 실을 걸어 빼뜨기를 뜬다.

사슬 5코를 뜬다.

⑤의 3번째 사슬에 긴뜨기 1코-한길 긴뜨기 1코-짧은뜨기 1코-사슬 시작코에 빼뜨기를 뜬다.

같은 코에 ⑤~⑥을 반복해 꽃잎 1장을 더 뜬다.

진행 방향으로 빼뜨기 1코를 뜬다.

⑤~⑥을 반복해 꽃잎 1장을 뜬다.

진행 방향으로 빼뜨기 1코를 뜬다.

⑤~⑩을 3번 더 반복해 꽃잎 12장을 뜬다.

매듭짓고 실을 잘라 마무리한다. 꽃 완성.

꽃받침

꽃받침 실로 매직링을 만들고 사슬 3코를 뜬다.

매직링에 한길 긴뜨기 8코를 뜬다. 꼬리실을 당겨서 편물을 조인다. 첫 코에 빼뜨기를 뜬다.

사슬 6코를 뜬다.

사슬을 따라 짧은뜨기 1코-긴뜨기 1코-한길 긴뜨기 2코-짧은뜨기 1코-사슬 시작코에 빼뜨기를 뜬다.

사슬 7코를 뜬다.

사슬을 따라 짧은뜨기 1코-긴뜨기 1코-한길 긴뜨기 3코-짧은뜨기 1코를 뜬다.

⑤의 시작코에 빼뜨기를 뜬다.

빼뜨기 2코를 뜬다.

사슬 6코를 뜬다.

사슬을 따라 짧은뜨기
1코 - 긴뜨기 1코 - 한길
긴뜨기 2코 - 짧은뜨기
1코 - 사슬 시작코에
빼뜨기를 뜬다.

빼뜨기 2코를 뜬다.

③~⑪을 반복해 잎 6장을 뜬다.

실을 잘라 꼬리실 쪽에서 매듭짓고 마무리한다.

꽃받침 완성.

꽃잎과 꽃받침에 풀을 먹여서 말린다.
TIP 풀을 먹인 후 모양이 잘 잡히도록 스티로폼 공을 넣어 말려도 좋다.

연결하기

1. 꽃철사 윗부분 2cm 정도 비우고 꽃테이프를 고정한 뒤 사선 방향으로 끝까지 감아준다.

2. 글루건으로 꽃받침 안에 접착제를 바르고 스티로폼 공을 넣어 고정한다.(공을 너무 누르면 바깥쪽으로 접착제가 튀어나올 수 있으니 주의.)

3. ②를 비어있는 철사 윗부분에 꽂는다. 이때 철사 끝부분을 0.5cm 정도 남기고 잘라준다. 남긴 철사를 구부려 고정한다.

4. 완성한 꽃 뒷면의 꽃술에 접착제를 바른다.(접착제가 옆으로 튀어나오지 않도록 주의.)

5. ④를 ③에 붙인다. 이때 잘 고정되도록 오래 눌러준다.

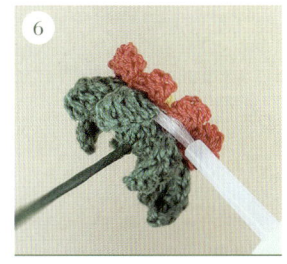

6. 순간접착제로 들뜨는 부분을 고정한다.

7. 소국 완성.

칼라

Calla

우아한 자태를 자랑하는 칼라는 '순수', '천년의 사랑' 등의 꽃말을 지녀 부케에 많이 사용됩니다.
꽃잎 끝부분은 얇은 실로 떠서 섬세한 라인으로 완성했습니다.
버건디색 실로 떠주면 고급스러운 분위기의 와인 칼라를 만들 수 있습니다.

INFORMATION

재료

꽃잎: 가잘베이비코튼 3410 (아이보리색) 6g (2.5mm 코바늘)
꽃잎 끝부분: 클리아실 p9462 (라임색) 1g (1.25mm 코바늘)
꽃술: 타조실 30수 진노랑 1g (1.5mm 코바늘)
2mm 꽃철사 40cm

도구

1.25mm, 1.5mm, 2.5mm 코바늘
가위, 펜치, 글루건(or 돗바늘), 순간접착제, 물풀, 물, 붓

완성 사이즈 — 약 8cm × 13cm

꽃
꽃잎

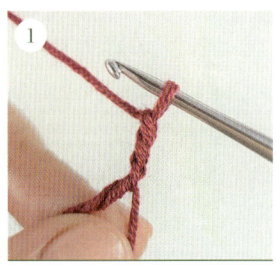

1. 2.5mm 코바늘과 꽃잎 실로 매직링을 만들고 사슬 3코를 뜬다.

2. 매직링에 한길 긴뜨기 11코를 뜬다. 꼬리실을 당겨서 편물을 조인다. 첫 한길 긴뜨기 코에 빼뜨기를 뜬다.

3. **2단** 사슬 3코, 한길 긴뜨기 1코-한길 긴 2코 늘려뜨기 11코를 뜬다. 이때 마지막 코는 첫 코에 뜬다. 첫 한길 긴뜨기 코에 빼뜨기를 뜬다.

4. **3단** 사슬 3코, 한길 긴뜨기 1코-한길 긴뜨기 1코-[한길 긴 2코 늘려뜨기 1코-한길 긴뜨기 1코] 11번을 뜬다. 이때 마지막 코는 첫 코에 뜬다. 첫 한길 긴뜨기 코에 빼뜨기를 뜬다.

5. **4단** 사슬 3코, 한길 긴뜨기 1코-한길 긴뜨기 2코-[한길 긴 2코 늘려뜨기 1코-한길 긴뜨기 2코] 11번을 뜬다. 이때 마지막 코는 첫 코에 뜬다. 첫 한길 긴뜨기 코에 빼뜨기를 뜬다.

6. **5단** 사슬 3코, 한길 긴뜨기 1코-한길 긴뜨기 3코-[한길 긴 2코 늘려뜨기 1코-한길 긴뜨기 3코] 11번을 뜬다. 이때 마지막 코는 첫 코에 뜬다. 첫 한길 긴뜨기 코에 빼뜨기를 뜬다.

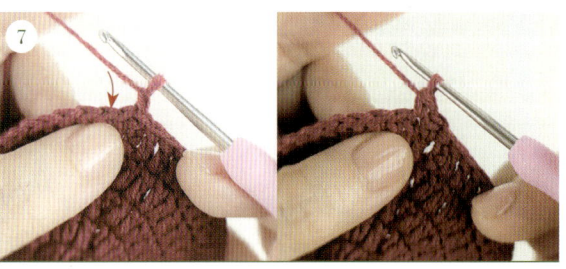

7. **6단** 사슬 1코를 뜬다. 1코를 건너뛰고 다음 코에 짧은뜨기 1코를 뜬다.

8. 긴뜨기 1코-[한길 긴 2코 늘려뜨기 1코-한길 긴뜨기 1코] 10번-긴뜨기 1코-짧은뜨기 1코-1코를 건너뛰고 다음 코에 빼뜨기를 뜬다.

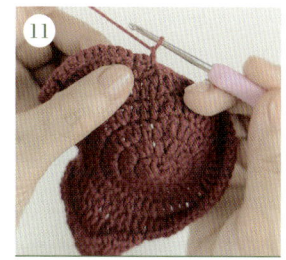

7단 사슬 1코를 뜨고 편물을 뒤집는다. 1코를 건너뛰고 다음 코에 짧은뜨기 1코를 뜬다.

긴뜨기 1코-한길 긴 2코 늘려뜨기 30코-긴뜨기 1코-짧은뜨기 1코-사슬 1코-1코를 건너뛰고 다음 코에 빼뜨기를 뜬다.

8단 사슬 1코를 뜨고 편물을 뒤집는다.

빼뜨기 20코를 뜬다.

짧은뜨기 1코-긴뜨기 1코-한길 긴뜨기 5코-두길 긴뜨기 5코를 뜬다.

세길 긴 2코 늘려뜨기 1코-두길 긴뜨기 5코-한길 긴뜨기 5코-긴뜨기 1코-짧은뜨기 1코를 뜬다.

빼뜨기 20코를 뜬다.

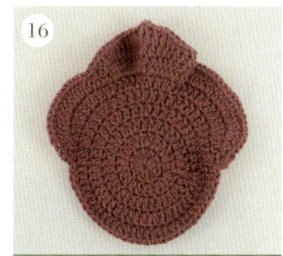

실을 잘라 편물 앞면에서 매듭짓고 마무리한다.

1.25mm 코바늘과 꽃잎 끝부분 실로 ⑬의 10번째 코에 사슬 1코를 뜬다.

짧은뜨기 3코를 뜬다.

사슬 5코를 뜬다.

사슬을 따라 빼뜨기
1코-짧은뜨기 2코-긴뜨기
1코-사진처럼 기둥코에
한길긴뜨기 1코를 뜬다.

1코를 건너뛰고 짧은뜨기 2코, 빼뜨기 1코를 뜬다.

실을 잘라 매듭짓고
마무리한다. 꽃 완성.

꽃잎 끝부분만 풀을 먹여서
말린다.

꽃
꽃술

1.5mm 코바늘과 꽃술 실로
매직링을 만들고 사슬 1코를
뜬다.

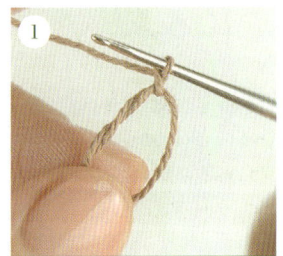

매직링에 짧은뜨기 7코를
뜬다. 꼬리실을 당겨 편물을
조인다.

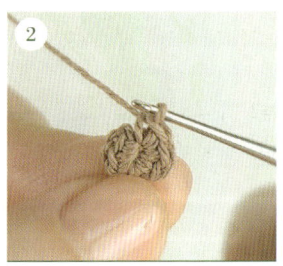

첫 짧은뜨기 뒤쪽 반코에
바늘을 넣고 짧은 이랑뜨기
1코를 뜬다.

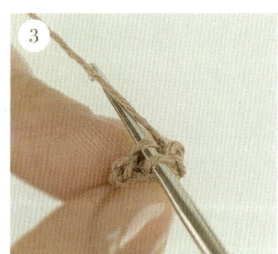

짧은 이랑뜨기
100코(6~7cm)를 뜬다.

이랑 빼뜨기 1코를 뜬다.

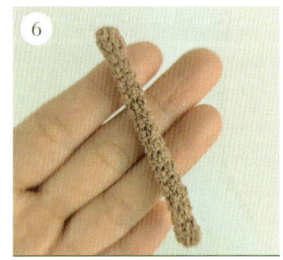

실을 조이지 않고 (철사를 끼울
공간을 남겨둔다.) 실을 잘라
매듭짓고 마무리한다. 꽃술
완성.

연결하기

1. 꽃철사 5cm 정도 위치에 가위집을 내 고무를 뺀다.

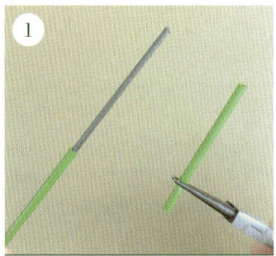

2. 철사 윗부분에 순간접착제를 바른다.

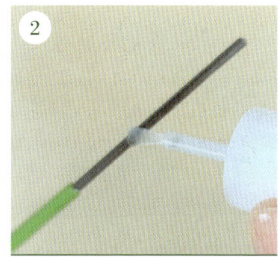

3. 완성한 꽃술을 철사에 꽂아 고정한다.

4. 글루건으로 꽃술 하단에 접착제를 일자로 바른다.

5. 꽃잎을 겹쳤을 때 위로 꽃술이 살짝 보일 정도로 위치를 잡는다. ④를 꽃잎 중앙에 붙인다.

6. 꽃잎 하단을 감싸 모양을 잡는다.

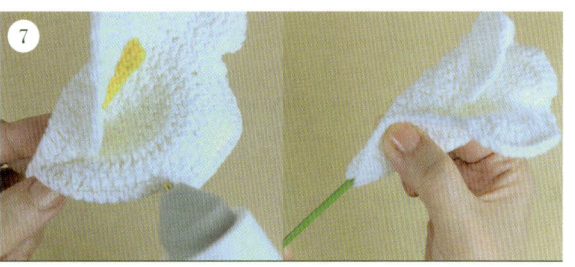

7. 꽃잎이 겹쳐지는 부분에 접착제를 조금씩 바르며 겹쳐서 고정한다. 줄기가 돌아가지 않도록 꽃잎과 철사의 연결 부위를 꼼꼼하게 붙인다. (글루건 대신 돗바늘로 꿰매어 고정해도 좋다.)

8. 철사를 구부려 자연스러운 모양을 만든다. 칼라 완성.

Tulip

비비드한 색감이 사랑스러운 튤립은 인테리어 소품으로도 인기가 많지요.
형광빛이 도는 쨍한 색의 실로 만들어 상큼한 분위기를 연출해보세요.
잎사귀는 다른 꽃들과도 잘 어울려 다양하게 활용할 수 있습니다.

튤립

INFORMATION

재료

꽃: 가잘베이비코튼실 3460 / 3413 / 3417 2g
잎: 가잘베이비코튼실 3448 2g
줄기: 2mm 꽃철사 35cm
잎 연결 줄기: 꽃철사 27호 20cm 1~2개
스티로폼 공 25mm

도구

2.5mm 코바늘
가위, 집게, 펜치, 돗바늘, 글루건, 순간접착제

완성 사이즈 — 꽃: 약 3cm × 4.5cm /
잎: 약 3.5cm × 10.5cm

꽃
꽃잎 1

1. 꽃 실로 사슬 12코를 만든다.

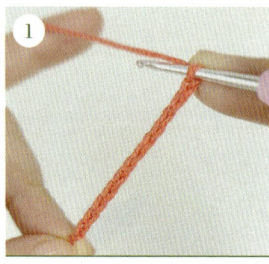

2. 짧은뜨기 2코-긴뜨기 2코를 뜬다.

3. 한길 긴뜨기 2코-두길 긴뜨기 2코-한길 긴뜨기 1코-긴뜨기 1코-짧은뜨기 1코-사슬 1코를 뜨고 편물을 왼쪽으로 뒤집어준다.

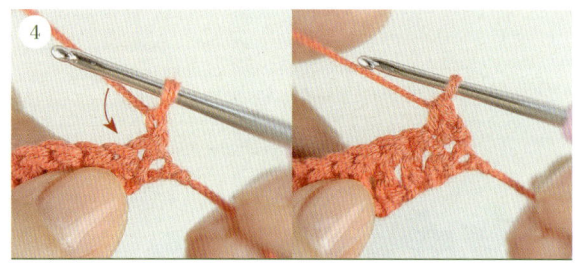

4. 한 코를 건너뛰고 다음 코에 짧은뜨기 1코를 뜬다.

5. 긴뜨기 1코-한길 긴뜨기 1코-두길 긴뜨기 2코-한길 긴뜨기 2코-긴뜨기 1코-짧은뜨기 1코-빼뜨기 1코-사슬 1코를 뜬다.

6. 편물을 왼쪽으로 뒤집고 빼뜨기 10코를 뜬다.

7. 꼬리실이 있는 코에 빼뜨기 1코를 뜬다.

8. 실을 자르고 마무리한다. 같은 방법으로 꽃잎 3장을 뜬다.

꽃
꽃잎 2

  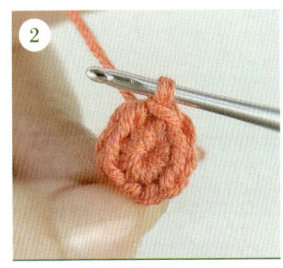 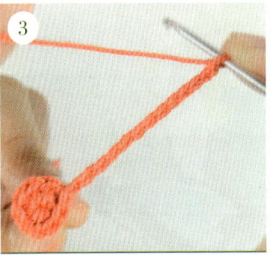

1. 꽃 실로 매직링을 만들고 사슬 1코를 뜬다.

2. 매직링에 짧은뜨기 9코를 뜬다. 꼬리실을 당겨서 편물을 조인다. 첫 짧은뜨기 코에 빼뜨기를 한다.

3. 사슬 13코를 만든다.

4. 사슬을 따라 짧은뜨기 2코 - 긴뜨기 2코 - 한길 긴뜨기 2코를 뜬다.

5. 두길 긴뜨기 3코 - 한길 긴뜨기 1코 - 긴뜨기1코를 뜬다. 1코를 건너뛰고 다음 코에 빼뜨기 1코 - 사슬 1코를 뜬다.

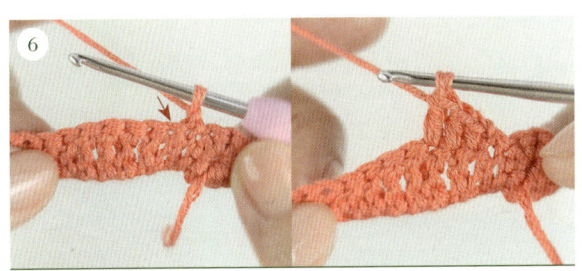 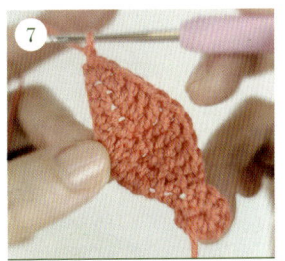 

6. 편물을 뒤집어준다. 1코 건너뛰고 짧은뜨기 1코 - 긴뜨기 1코 - 한길 긴뜨기 1코를 뜬다.

7. 두길 긴뜨기 3코 - 한길 긴뜨기 2코 - 긴뜨기 1코 - 짧은뜨기 1코 - 빼뜨기 1코 - 사슬 1코를 뜬다.

8. 편물을 뒤집고 빼뜨기 11코를 뜬다.

1코 건너뛰고 꽃잎이 걸린 코에 빼뜨기 1코를 뜬다.

빼뜨기 2코를 뜬다.

③~⑩을 반복해 꽃잎 3장을 뜬다.

실을 잘라 꼬리실 쪽에서 매듭짓고 마무리한다.

잎

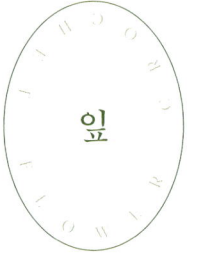

잎 실로 사슬 33코를 만든다.

빼뜨기 1코-짧은뜨기 3코-긴뜨기 3코-한길 긴뜨기 3코를 뜬다.

두길 긴뜨기 13코-한길 긴뜨기 3코-긴뜨기 3코-짧은뜨기 3코를 뜬다.

4번째 사슬에 꽃철사 27호를 넣는다. 사진과 같이 접어서 꼬아준다.

실과 바늘 사이에 철사를 넣고 사슬 1코를 뜬다. 이때 뜨기 편하도록 철사를 구부려준다.

꼬리실을 숨기며 짧은뜨기 3코-긴뜨기 3코-한길 긴뜨기3코-두길 긴뜨기 13코-한길 긴뜨기 3코-긴뜨기 3코-짧은뜨기 3코-빼뜨기 1코-사슬1코를 뜬다.

빼뜨기 33코를 뜬다.

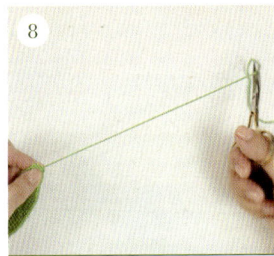

실을 25cm 정도 남기고 자른다.

철사는 2cm 정도 남기고 자른다.

남은 철사를 잎 안쪽으로 구부려 고정한다.

잎 완성. 취향에 따라 1~2장을 준비한다.

꽃 연결하기

1. 꽃잎이 도톰한 쪽이 오른쪽에 오도록 잡고 글루건으로 안쪽에 접착제를 바른다.

2. 스티로폼 공에 꽃잎을 붙인다.

3. 같은 방법으로 꽃잎 3장을 붙인다.

4. 꽃잎 안쪽에 접착제를 바른다.

5. 사진과 같이 꽃잎을 모아서 붙인다.

6. 꽃잎이 도톰한 쪽이 오른쪽에 오도록 잡고 중앙에 접착제를 바른다.

7. 꽃잎1과 꽃잎2가 교차되도록 위치를 잡고 붙인다.

8. 꽃잎1 사이에 접착제를 바르고 꽃잎2를 한 장씩 붙인다.

줄기 연결하기

1. 2mm 꽃철사 2cm 정도 위치에 가위집을 내 고무를 뺀다.

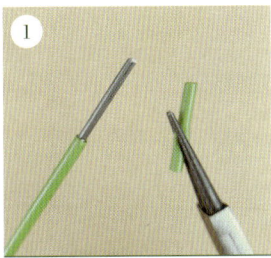

2. 비어있는 철사 윗부분에 순간접착제를 바른다.

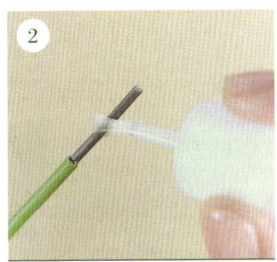

3. 완성한 꽃을 철사에 꽂아 고정한다.

4. 연결 부위에 순간접착제를 발라 고정한다.

5. 잎의 남겨둔 실을 돗바늘에 꿴다. 잎으로 줄기를 감싸고 1cm 정도 꿰매어 고정한다. 실을 잘라 매듭짓고 깔끔하게 마무리한다.

6. 취향에 따라 잎을 1~2장 연결하고 줄기를 구부려 자연스러운 모양을 만든다. 튤립 완성.

shasta daisy

흰색, 노란색의 대표 꽃인 데이지 중에서 샤스타데이지를 떠보았습니다.
'샤스타'는 인디언 말로 흰색을 뜻한다고 해요.
풍성하지만 인위적인 느낌이 나지 않도록 꽃잎을 표현했습니다.

샤
스
타
데
이
지

― INFORMATION ―

재료	도구
꽃받침: 타조실 20수 올리브색 1g	1.5mm 코바늘
꽃잎: 타조실 30수 아이보리색 3g	가위, 집게, 니퍼, 글루건, 순간접착제, 물풀, 물, 붓
꽃술: 타조실 30수 진노랑 1g	
꽃철사 18호 30cm (조화 줄기 사용 가능)	
연두색 꽃테이프, 스티로폼 공 20mm	

완성 사이즈 ― 약 6cm × 6cm

10

꽃 하단

1. 꽃받침 실로 매직링을 만들고 사슬 3코를 뜬다.

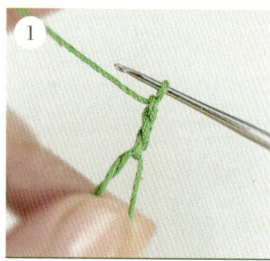

2. 매직링에 한길 긴뜨기 11코를 뜬다. 꼬리실을 당겨서 편물을 조인다. 첫 한길 긴뜨기 코에 빼뜨기를 뜬다.

3. **2단** 사슬 3코, 한길 긴뜨기 1코를 뜬다.

4. 한길 긴뜨기 11코를 뜬다. (마지막 코는 시작코에 뜬다.)

5. 첫 한길 긴뜨기 코에 바늘을 넣고 꽃잎 실을 걸어 빼뜨기를 뜬다.

6. 사슬 8코를 뜬다.

7. 사슬을 따라 짧은뜨기 1코-긴뜨기 1코-한길 긴뜨기 4코-짧은뜨기 1코를 뜬다.

8. 빼뜨기 1코를 뜬다.

9. ⑥~⑧을 반복해 꽃잎 12장을 뜬다. (마지막 빼뜨기는 시작코에 뜬다.)

10. 매듭짓고 실을 잘라 마무리한다. 꽃 하단 완성.

꽃 상단

꽃술 실로 매직링을 만들고 사슬 1코를 뜬다.

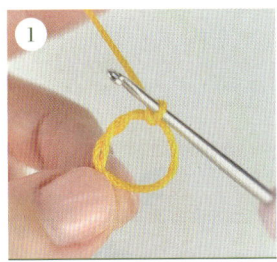

매직링에 짧은뜨기 7코를 뜬다. 꼬리실을 당겨서 편물을 조인다. 첫 짧은뜨기 코에 빼뜨기를 뜬다.

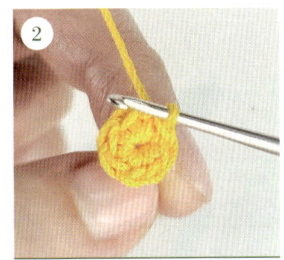

2단 사슬 1코, 짧은뜨기 1코-짧은 2코 늘려뜨기 6코-1번째 짧은뜨기 코에 빼뜨기를 뜬다.

3단 사슬 1코, 짧은뜨기 1코-짧은뜨기 12코-1번째 짧은뜨기 코에 빼뜨기를 뜬다.

4단 사슬 1코, 짧은뜨기 1코-짧은뜨기 12코-첫 짧은뜨기 코에 바늘을 넣고 꽃잎 실을 걸어 빼뜨기를 뜬다.

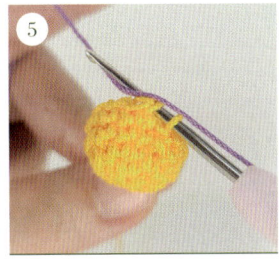

사슬 9코를 뜬다.

사슬을 따라 짧은뜨기 1코-긴뜨기 1코-한길 긴뜨기 5코-짧은뜨기 1코를 뜬다.

빼뜨기 2코를 뜬다.

⑥~⑧을 반복해 꽃잎 7장을 만든다. (마지막 빼뜨기는 시작 코에 뜬다.) 실을 자른다.

매듭짓고 마무리한다. 꽃 상단 완성.

꽃잎 끝에 풀을 먹여서 말린다.

연결하기

1

글루건으로 꽃받침 안에 접착제를 바르고 스티로폼 공을 넣어서 고정한다.(공을 너무 누르면 바깥쪽으로 접착제가 튀어나올 수 있으니 주의.)

2

꽃철사 윗부분 3cm 정도 비우고 꽃테이프를 고정한 뒤 사선 방향으로 끝까지 감아준다.

3

비어있는 철사 윗부분에 순간접착제를 바른다.

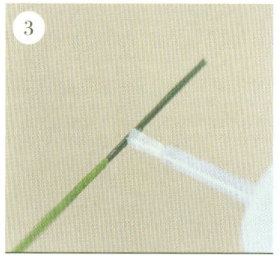

4

①을 철사에 꽂는다. 철사를 0.5cm 남기고 자른다. 철사를 집게로 구부려 고정한다.

5

연결 부위에 순간접착제를 발라 고정한다.

6

④의 스티로폼 공 주위에 접착제를 바른다. 꽃잎이 교차되도록 위치를 잡아 꽃 상단을 붙인다.

7

철사를 구부려 자연스러운 모양을 만든다.
샤스타데이지 완성.

shasta daisy

Sweet pea

바람에 흩날리는 드레스처럼 여리한 꽃잎이 매력적인 스위트피입니다.
얇은 실로 뜨면 하늘거리는 섬세한 모양을 잘 표현할 수 있습니다.
채도가 비슷한 색의 실을 섞어서 다채롭게 연출해보세요.

스
위
트
피

INFORMATION

재료

꽃잎: 클리아실 p9059(텐저린샤베트색) /
3301(라이트피치) 각 5g
꽃받침: 클리아실 5800(바질색) 2g
줄기: 꽃철사 23호 30cm(조화 줄기 사용 가능)
꽃 연결 줄기: 꽃철사 27호 7cm 5개
연두색 꽃테이프

도구

1.5mm 코바늘
가위, 니퍼, 글루건, 순간접착제, 물풀, 물, 붓

완성 사이즈 — 약 4cm × 3cm

꽃
꽃잎 1

1. 꽃잎 실로 매직링을 만들고 사슬 3코를 뜬다.
2. 매직링에 한길 긴뜨기 5코를 뜬다. 꼬리실을 당겨 편물을 조인다.
3. 사슬 1코를 뜨고 편물을 뒤집는다. 같은 코에 긴뜨기 1코, 한길 긴 3코 늘려뜨기 1코를 뜬다.

4. [두길 긴뜨기 1코, 사슬 1코] 2번, 두길 긴뜨기 1코-
[세길 긴뜨기 1코, 사슬 1코] 4번, 세길 긴뜨기 1코-
[두길 긴뜨기 1코, 사슬 1코] 2번, 두길 긴뜨기 1코-
한길 긴 3코 늘려뜨기 1코, 긴뜨기 1코, 사슬 1코, 빼뜨기를 뜬다. 꽃잎 1 완성.

꽃
꽃잎 2

1. 사슬 2코를 뜨고 '꽃잎 1'의 왼쪽에서 3번째 한길 긴뜨기 기둥코에 빼뜨기를 뜬다.
2. 사슬 3코를 뜬다.
3. 같은 기둥코에 한길 긴 5코 늘려뜨기 1코를 뜬다.

4. '꽃잎 1'의 ③~④와 동일하게 진행한다.
5. 꽃잎 2 완성.

꽃
꽃잎 3

사슬 2코를 뜬다.

'꽃잎 2'의 왼쪽에서 3번째 한길 긴뜨기 기둥코에 빼뜨기-사슬 3코를 뜬다.

같은 기둥코에 한길 긴 5코 늘려뜨기 1코를 뜬다.

'꽃잎 1'의 ③~④와 동일하게 진행하고 실을 자른다.

자른 실이 오른쪽에 오도록 잡고 꼬리실과 묶는다.

풀리지 않게 묶고 실을 깔끔하게 잘라 마무리한다.

꽃 완성. 같은 방법으로 꽃 5송이를 만든다.

꽃잎 끝에 풀을 먹여서 말린다.

꽃받침

1. 꽃받침 실로 매직링을 만들고 사슬 3코를 뜬다.
2. 매직링에 한길 긴뜨기 5코를 뜬다.
3. 사슬 3코를 뜨고 편물을 뒤집는다.

4. 빼뜨기 1코를 뜬다.
5. [사슬 3코 - 빼뜨기 1코]를 4번 반복한다.
6. 사슬 2코를 뜬다.

7. 매직링에 빼뜨기를 뜬다. 실을 자른다. 꼬리실을 당겨 편물을 조인다.
8. 매듭짓고 실을 편물 앞쪽으로 가져와 자른다.
9. 꽃받침 완성.

연결하기

1. 완성한 꽃받침에 꽃철사 27호를 꽂는다. 이때 철사 끝부분을 0.5cm 정도 남긴다.

2. 글루건으로 꽃받침 안에 접착제를 바른다.

3. 꽃받침을 접어서 붙인다.

4. 꽃받침 위에 접착제를 바르고 완성한 꽃잎을 고정한다. 이때 꽃잎의 매듭 부분을 철사에 꽂는다.

5. 같은 방법으로 꽃 4~6송이에 철사를 연결한다.

6. 꽃철사 23호와 ⑤의 꽃 하나를 나란히 잡고 꽃테이프를 사선으로 감기 시작한다.

7. 1~2cm 간격으로 ⑤의 꽃을 하나씩 연결한다. 이때 ⑤의 꽃철사가 1cm 정도 보이도록 한다. 꽃테이프를 철사 끝까지 감아준다.

8. 철사를 구부려 자연스러운 모양을 만든다. 스위트피 완성.

Daffodil

3월의 탄생화이자 봄의 전령이라 불리는 수선화는 꽃 중앙에 나팔 모양의 부화관이 있어 독특한 모양의 꽃입니다.
부화관의 색에 따라 다양한 느낌으로 연출할 수 있습니다.
잎은 가는 실을 사용해 날렵하게 떠주세요.

수선화

INFORMATION

재료

꽃잎: 타조실 30수 연노랑 2g
부화관: 클리아실 4156(텐저린) 1g
꽃술: 타조실 30수 연노랑 1g
잎: 클리아실 5398(딥그린) 1g
줄기: 꽃철사 18호 30cm(조화 줄기 사용 가능)
잎 연결 줄기: 꽃철사 27호 15cm
초록색 꽃테이프

도구

1.5mm 코바늘
가위, 집게, 니퍼, 글루건, 순간접착제, 물풀, 물, 붓

완성 사이즈 — 꽃: 약 4.5cm × 4.5cm / 부화관: 약 2cm × 1.5cm / 잎: 약 2cm × 10cm

꽃

 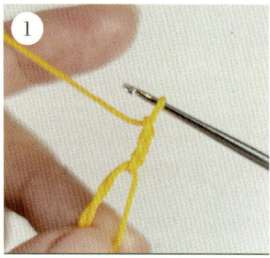  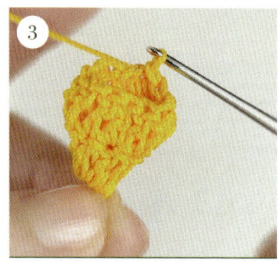

1. 꽃잎 실로 매직링을 만들고 사슬 3코를 뜬다.
2. 매직링에 한길 긴뜨기 7코를 뜬다. 꼬리실을 당겨서 편물을 조인다. 첫 한길 긴뜨기 코에 빼뜨기를 뜬다.
3. **2단** 사슬 3코, 한길 긴 2코 늘려뜨기 1코-[한길 긴뜨기 1코-한길 긴 2코 늘려뜨기 1코] 3번-첫 한길 긴뜨기 코에 빼뜨기를 뜬다.

꽃 꽃잎 1

1. 사슬 3코, 한길 긴 2코 늘려뜨기 1코를 뜬다.
2. 두길 긴뜨기 1코, 사슬 1코, 세길 긴 2코 늘려뜨기 1코, 사슬 1코, 두길 긴뜨기 1코를 뜬다.
3. 한길 긴 2코 늘려뜨기 1코, 사슬 3코, 빼뜨기 1코를 뜬다.

꽃 꽃잎 2

1. 사슬 2코를 뜬다.
2. 편물을 돌려서 뒷면 중앙의 기둥코에 빼뜨기를 뜬다. 사슬줄이 만들어진다.
3. 사슬 3코를 뜬다.

편물을 오른쪽으로 180도 돌린다.

사슬줄에 한길 긴 2코 늘려뜨기 1코를 뜬다.

진행 방향으로 두길 긴뜨기 1코, 사슬 1코, 세길 긴 2코 늘려뜨기 1코, 사슬 1코, 두길 긴뜨기 1코를 뜬다.

한길 긴 2코 늘려뜨기 1코, 사슬 3코, 빼뜨기 1코를 뜬다.

꽃
꽃잎 3

사슬 2코를 뜬다.

편물을 돌려서 앞면 중앙의 기둥코에 빼뜨기를 뜬다. 사슬줄이 만들어진다.

사슬 3코를 뜬다.

편물을 오른쪽으로 180도 돌린다.

사슬줄에 한길 긴 2코 늘려뜨기 1코를 뜬다.

진행 방향으로 두길 긴뜨기 1코, 사슬 1코, 세길 긴 2코 늘려뜨기 1코, 사슬 1코, 두길 긴뜨기 1코를 뜬다.

한길 긴 2코 늘려뜨기 1코, 사슬 3코, 빼뜨기 1코를 뜬다.

꽃
꽃잎 4, 5, 6

'꽃잎 2, 3'과 같은 방법으로 꽃잎 4, 5를 만든다.

꽃잎 6은 '꽃잎 2'와 같은 방법으로 뜬다. 이때 '꽃잎 2'의 6을 시작코에 뜨고 마지막 코만 꽃잎 1의 뒷면 첫코 아래 기둥코에 뜬다.

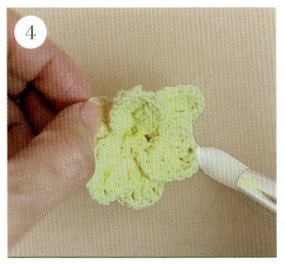

꽃잎 완성.

꽃잎 끝에 풀을 먹여서 말린다.

부화관

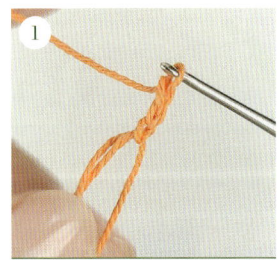

부화관 실로 매직링을 만들고 사슬 3코를 뜬다.

매직링에 한길 긴뜨기 11코를 뜬다.

꼬리실을 당겨서 편물을 조인다. 첫 한길 긴뜨기 코에 빼뜨기를 뜬다.

2단 사슬 3코, 한길 긴뜨기 1코-한길 긴뜨기 10코-첫 한길 긴뜨기 코에 빼뜨기를 뜬다.

사슬 4코를 뜬다.

빼뜨기를 뜬다.

사슬 3코를 뜬다.

빼뜨기를 뜬다.

⑤~⑧을 4번 더 반복한다.
사슬 3코를 뜨고 시작코에
빼뜨기를 뜬다.

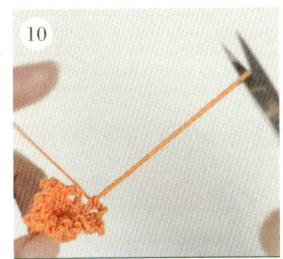
실을 잘라 부화관 안쪽에서
매듭짓고 마무리한다.
(꼬리실이 풀리지 않도록 세게
묶는다.)

부화관 완성.

꽃술 FLOWER

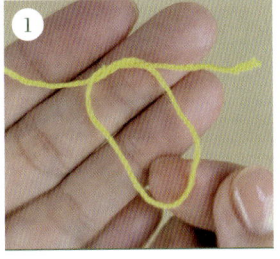
꽃술 실을 15cm 잘라서
매듭을 짓듯이 감아준다.

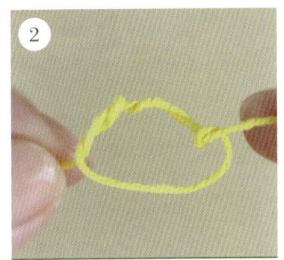
실을 4~5번 더 감아준다.

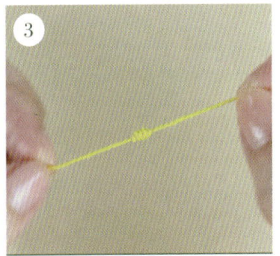
실을 양쪽으로 당겨서
매듭을 만든다.

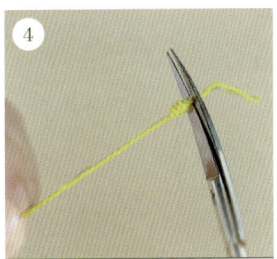
실 한쪽을 자른다. 꽃술 완성.

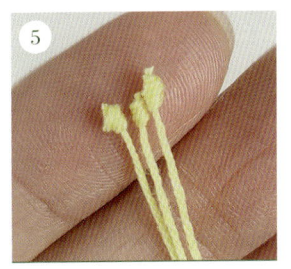
같은 방법으로 꽃술 3개를
만든다.

잎

1. 꼬리실을 25cm 정도 남기고 사슬 40코를 뜬다.

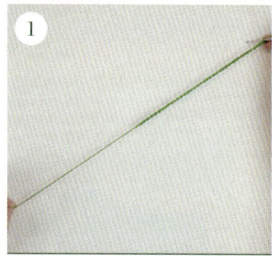

2. 빼뜨기 1코-짧은뜨기 5코-긴뜨기 5코를 뜬다.

3. 한길 긴뜨기 25코-긴뜨기 1코-짧은뜨기 1코-빼뜨기 1코를 뜬다.

4. 4번째 사슬에 꽃철사 27호를 넣고 접어서 꼬아준다.

5. 실과 바늘 사이에 철사를 넣고 사슬 1코를 뜬다. 이때 뜨기 편하도록 철사를 구부려준다.

6. 빼뜨기 1코-짧은뜨기 1코-긴뜨기 1코-한길 긴뜨기 25코-긴뜨기 5코-짧은뜨기 5코-빼뜨기 1코를 뜬다.

7. 실을 잘라 뒷면에서 매듭짓고 마무리한다.

8. 잎 끝이 뾰족한 모양이 되도록 만져준다. 구부려둔 철사를 다시 편다.

9. 철사를 2cm 정도 남기고 자른다. 남은 철사를 잎 안쪽으로 구부려 고정한다. 잎 완성. 풀을 먹여서 말린다.

연결하기

1. 완성한 꽃술을 부화관에 넣는다. (꽃술 윗부분이 부화관보다 살짝 올라오도록 한다.)

2. 집게로 꽃철사 23호 끝을 동그랗게 말아준다.

3. 철사를 ①에 꽂는다.

4. 꽃술을 부화관 아래로 1cm 정도 남기고 자른다.

5. 꽃철사와 꽃술을 나란히 잡고 꽃테이프를 부화관 바로 아래부터 사선 방향으로 감기 시작한다. (테이프 시작 부분에 접착제를 발라 고정해도 된다.)

6. 테이프를 끝까지 감고 풀리지 않도록 순간접착제로 마무리한다.

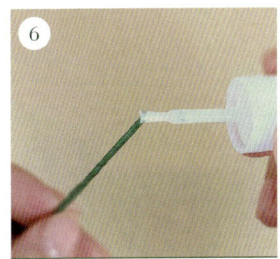

7. 완성한 꽃이 철사를 잘 통과할 수 있도록 코바늘을 넣어 구멍을 넓힌다.

8. 꽃을 철사에 꽂는다.

9. 글루건으로 꽃에 접착제를 발라 부화관에 붙인다.

10. 완성한 잎의 남겨둔 실을 돗바늘에 꿴다. 잎으로 줄기를 감싸고 1cm 정도 꿰매어 고정한다. 실을 잘라 매듭짓고 깔끔하게 마무리한다.

11. 잎을 잘 펴고 철사를 구부려 자연스러운 모양을 만든다. 수선화 완성.

Aican daisy

거베라는 크기가 크고 색상이 화려해서 꽃다발의 메인 소재로 많이 등장합니다.
꽃을 뜰 때 다양한 색으로 배색하는 재미도 있지요.
취향에 따라 여러 색의 거베라를 떠서 예쁘게 조합해보세요.

거베라

--- INFORMATION ---

재료

꽃받침: 타조실 20수 올리브색 1g (1.75mm 코바늘)
꽃잎: 오메가실 186(귤색) 6g (1.75mm 코바늘)
꽃술 1: 타조실 30수 진갈색 1g
꽃술 2: 클리아실 4156(텐저린) 1g (1.5mm 코바늘)
2mm 꽃철사 35cm
스티로폼 공 20mm

도구

1.5mm, 1.75mm 코바늘
가위, 니퍼, 순간접착제, 글루건, 물풀, 물, 붓

완성 사이즈 — 약 8cm × 8cm

꽃 꽃받침

1. 1.75mm 코바늘과 꽃받침 실로 매직링을 만들고 사슬 3코를 뜬다.

2. 매직링에 한길 긴뜨기 10코를 뜬다. 꼬리실을 당겨서 편물을 조인다. 첫 한길 긴뜨기 코에 빼뜨기를 뜬다.

3. **2단** 사슬 3코, 한길 긴뜨기 1코를 뜬다.

4. 한길 긴뜨기 9코를 뜬다. 첫 한길 긴뜨기 코에 바늘을 넣고 꽃잎 실을 걸어 빼뜨기를 뜬다.

꽃 꽃잎 1

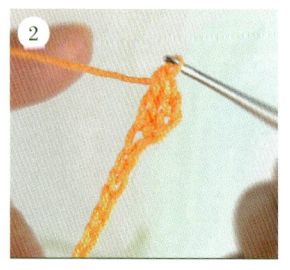

1. 사슬 11코를 뜬다.

2. ①의 8번째 사슬코에 한길 긴뜨기 1코를 뜬다.

3. 사슬을 따라 두길 긴뜨기 4코-한길 긴뜨기 1코-긴뜨기 1코-짧은뜨기 1코를 뜬다. 다음 코에 빼뜨기를 뜬다.

①~③을 반복해 꽃잎 10장을 뜬다.

마지막 코는 ①의 시작코에 빼뜨기를 뜬다.

꽃
꽃잎 2

첫 꽃잎 뒷면 짧은뜨기 코에 빼뜨기를 뜬다.

사슬 10코를 뜬다.

②의 7번째 사슬에 한길 긴뜨기 1코-두길 긴뜨기 4코-한길 긴뜨기 1코-긴뜨기 1코를 뜬다. 다음 꽃잎 뒷면 짧은뜨기 코에 빼뜨기를 뜬다.

②~③을 반복해 꽃잎 10장을 뜬다.

마지막 코는 꽃받침 부분에 넣어 빼뜨기를 뜬다.

꽃
꽃잎 3

사슬 11코를 뜬다.

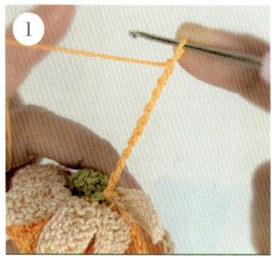

①의 8번째 사슬에 한길 긴뜨기 1코-두길 긴뜨기 4코-한길 긴뜨기 1코-긴뜨기 1코-짧은뜨기 1코를 뜬다. 다음 꽃받침 부분에 빼뜨기를 뜬다.

①~②를 반복해 꽃잎 10장을 뜬다.

실을 잘라 매듭짓고 마무리한다. 꽃 완성. 꽃잎에 풀을 먹여서 말린다.

꽃술

1.5mm 코바늘과 꽃술 1 실로 매직링을 만들고 사슬 1코를 뜬다.

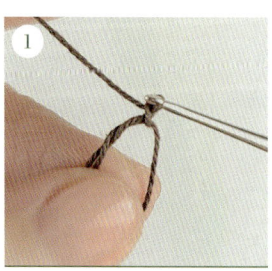

매직링에 짧은뜨기 10코를 뜬다. 꼬리실을 당겨서 편물을 조인다. 첫 짧은뜨기 코에 빼뜨기를 뜬다.

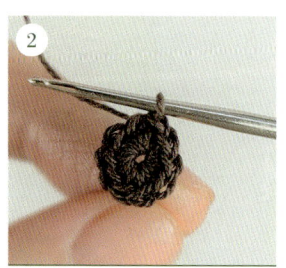

2단 사슬 1코, 짧은뜨기 1코-짧은 2코 늘려뜨기 9코를 뜬다. 첫 짧은뜨기 코에 바늘을 넣고 꽃술 2 실을 걸어 빼뜨기를 뜬다

3단 사슬 3코 - 빼뜨기를 뜬다.

④를 반복해 마지막 코까지 뜬다.

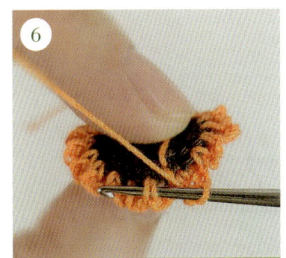

4단 사슬 3코 - (뒷면의 빼뜨기 코에) 빼뜨기를 뜬다.

⑥을 반복해 마지막 코까지 뜬다.

5단 사슬 5코를 뜬다.

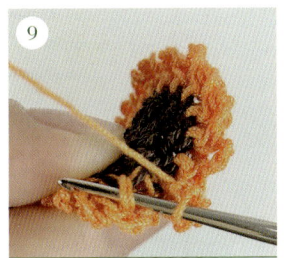

다음 코(뒷면의 빼뜨기 코)에 빼뜨기를 뜬다.

⑧~⑨를 반복해 마지막 코까지 뜬다.

실을 잘라 매듭짓고 마무리한다. 꽃술 완성.

연결하기

글루건으로 꽃받침 안에 접착제를 바르고 스티로폼 공을 넣어 고정한다. (공을 너무 누르면 바깥쪽으로 접착제가 튀어나올 수 있으니 주의.)

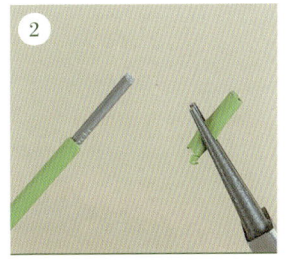

꽃철사 1cm 정도 위치에 가위집을 내 고무를 뺀다.

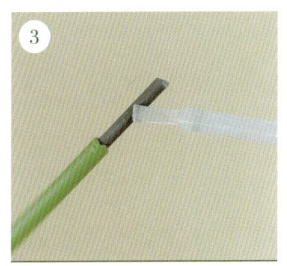

철사 윗부분에 순간접착제를 바른다.

완성한 꽃을 철사에 꽂는다.

연결 부위에 순간접착제를 발라 고정한다.

꽃잎 앞면의 스티로폼 공 주위에 접착제를 바른다.

꽃술을 ⑥에 붙인다. 순간접착제로 들뜨는 부분을 고정한다.

철사를 구부려 자연스러운 모양을 만든다. 거베라 완성.

Aican daisy

화이트 옥시페탈룸

White Star

화이트 옥시페탈룸은 남미의 야생화로 다소 생소하게 느껴질 수 있지만
별 모양으로 화형이 아름다워 꽃다발 소재로 많은 사랑을 받고 있지요.
줄기에 꽃 3~4송이를 연결해 사용하거나 1송이만 떠서 꽃다발에 포인트로 활용해보세요.

14

INFORMATION

재료

꽃받침: 타조실 30수 올리브색 2g
꽃잎, 꽃씨: 타조실 30수 아이보리 3g
꽃씨 연결 줄기: 꽃철사 27호 7cm 3개
잎: 타조실 30수 올리브색 2g
줄기: 꽃철사 23호 25cm(조화 줄기 사용 가능)
잎 연결 줄기: 꽃철사 27호 10cm
연두색 꽃테이프

도구

1.5mm 코바늘
가위, 집게, 니퍼,
글루건, 순간접착제, 물풀, 물, 붓

완성 사이즈 — 꽃: 약 4.5cm × 4.5cm / 잎: 약 2.5cm × 5cm

꽃 꽃받침

1. 꽃받침 실로 매직링을 만들고 사슬 3코를 뜬다.

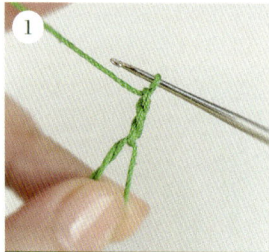

2. 매직링에 한길 긴뜨기 5코를 뜬다.

3. 꼬리실을 당겨서 편물을 조이고 앞쪽으로 가져온다. 첫 한길 긴뜨기 코에 빼뜨기를 뜬다.

2단 사슬 1코, 짧은뜨기 1코를 뜬다.

5. 짧은뜨기 4코를 뜬다.

6. 실을 25cm 정도 남기고 자른다.

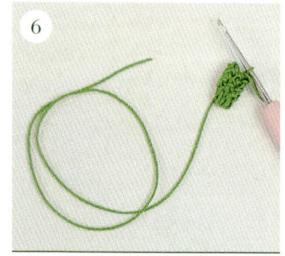

7. 첫 짧은뜨기 코에 바늘을 넣고 꽃잎 실을 걸어 빼뜨기를 뜬다.

꽃 꽃잎

1. 사슬 8코를 뜬다.

2. ①의 6번째 사슬에 긴뜨기 1코 - 한길 긴뜨기 4코 - 짧은뜨기 1코를 뜬다.

3. 빼뜨기를 뜬다.

①~③을 반복해 꽃잎 5장을 뜬다. 마지막 코는 ①의 시작코에 뜬다.

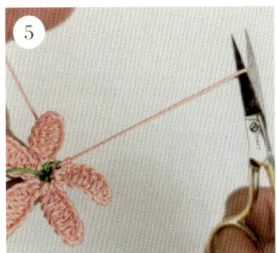
실을 잘라 매듭짓고 마무리한다. 이때 꽃받침 실은 꼬리실만 자른다.

남겨둔 꽃받침 실을 감침질하듯 꽃잎 사이에 2번씩 감는다. 먼저 코바늘로 실을 안쪽으로 가져온다.

안쪽에 걸린 실을 잡아 (꽃잎 사이) 바깥으로 보낸다.

꽃잎 사이 꽃받침 코에 바늘을 넣고 실을 안쪽으로 가져온다.

안쪽에 걸린 실을 잡아 ⑦과 같은 위치로 보낸다.

꽃잎 사이 꽃받침 코에 바늘을 넣고 실을 안쪽으로 가져온다.

안쪽에 걸린 실을 잡아 다음 꽃잎 사이로 보낸다. ⑥~⑪을 반복해 모든 꽃잎 사이를 2번씩 감는다.

매듭짓고 실을 잘라 깔끔하게 마무리한다. 꽃잎 완성.

꽃잎에 풀을 먹여서 말린다.

꽃술

1. 꽃술 실로 매직링을 만들고 사슬 1코를 뜬다.

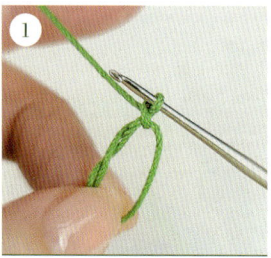

2. 매직링에 짧은뜨기 7코를 뜬다. 꼬리실을 당겨서 편물을 조인다.

3. 첫 짧은뜨기 코 뒤쪽 반코에 바늘을 넣고 꽃잎 실을 걸어 이랑 빼뜨기를 뜬다.

4. 사슬 1코, 짧은 이랑뜨기 1코를 뜬다.

5. 짧은 이랑뜨기 6코를 뜬다.

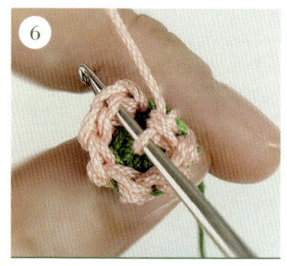

6. 첫 짧은 이랑뜨기 코에 빼뜨기를 뜬다.

7. 실을 잘라 꼬리실 쪽으로 실을 통과시킨다.

8. 매듭을 묶지 않고 실을 깔끔하게 자른다. 순간접착제를 발라 풀리지 않게 고정한다.

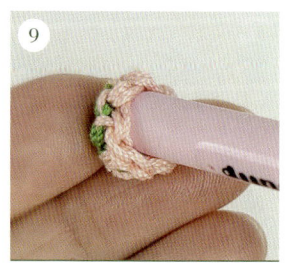

9. 손가락이나 바늘 끝으로 꽃술 안쪽의 모양을 만져준다.

10. 꽃술 완성.

꽃씨

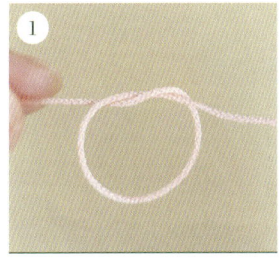
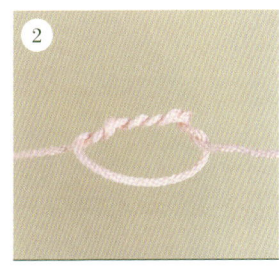
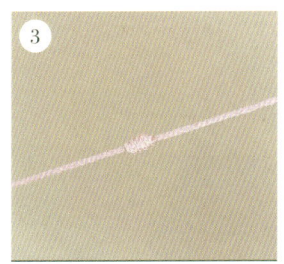

1. 꽃씨 실을 10cm 잘라서 매듭을 짓듯이 감아준다.
2. 실을 4~5번 더 감아준다.
3. 실을 양쪽으로 당겨서 매듭을 만든다.

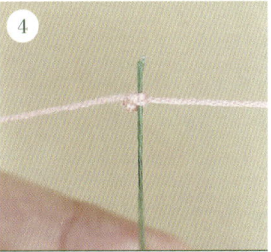
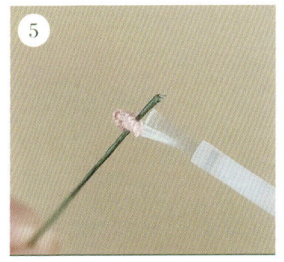
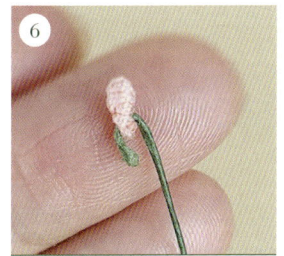

4. 꽃철사 27호 윗부분 0.3cm 정도 위치에 ③을 묶는다.
5. 실을 깔끔하게 자르고 순간접착제로 고정한다.
6. 철사 끝을 구부린다. 꽃씨 완성. 이때 꽃씨가 눕지 않도록 모양을 만져준다.

꽃 연결하기

1. 완성한 꽃술에 꽃씨 달린 철사를 꽂는다.
2. 꽃씨가 꽃술 중앙에 오도록 손이나 집게로 만져준다.
3. 완성한 꽃에 ②를 넣고 글루건으로 접착제를 발라 고정한다.

4. 꽃 1송이 완성.
5. 같은 방법으로 꽃 3송이를 만든다.

잎

1. 잎 실로 사슬 15코를 뜬다.

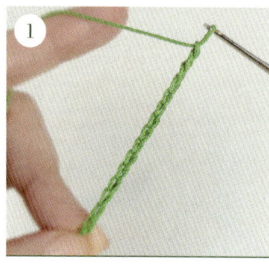

2. 짧은뜨기 2코-긴뜨기 2코를 뜬다.

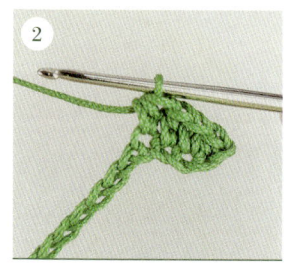

3. [한길 긴뜨기 1코-한길 긴 2코 늘려뜨기 1코]를 3번 뜬다.

4. 두길 긴뜨기 1코-두길 긴 2코 늘려뜨기 2코를 뜬다.

5. 두길 긴 3코 늘려뜨기 1코, 사슬 3코, 빼뜨기 1코를 뜬다.

6. 3번째 사슬에 꽃철사 27호를 넣고 접어서 꼬아준다.

7. 실과 바늘 사이에 철사를 넣고 잎이 대칭이 되도록 뜬다. 이때 뜨기 편하도록 철사를 구부려준다.

8. 사슬 3코, 두길 긴 3코 늘려뜨기 1코를 뜬다.

9. 두길 긴 2코 늘려뜨기 2코-두길 긴뜨기 1코를 뜬다.

10. [한길 긴 2코 늘려뜨기 1코-한길 긴뜨기 1코]를 3번 뜬다.

긴뜨기 2코-짧은뜨기 1코-빼뜨기 1코를 뜬다.

실을 잘라 편물 뒷면에서 매듭짓고 마무리한다. 구부려둔 철사를 다시 편다.

잎 완성.

연결하기

꽃철사 23호에 완성한 꽃 1송이를 나란히 잡고 꽃테이프를 고정한 뒤 사선 방향으로 감기 시작한다.

1~2cm 간격으로 완성한 꽃을 1송이씩 연결한다. 이때 꽃의 철사가 1cm 정도 보이도록 한다.

잎 1장을 연결한다. 꽃테이프는 철사 끝까지 감아준다.

연결 부위에 순간접착제를 발라 고정한다.

철사를 구부려 자연스러운 모양을 만든다. 화이트 옥시페탈룸 완성.

Tweedia

베이비블루색이 매력적인 블루 옥시페탈룸은 화이트 옥시페탈룸보다 꽃잎이 짧아 더 아기자기한 느낌의 꽃입니다.
크기가 작아 뜰 때 조금 힘들 수 있지만 그만큼 완성했을 때 귀엽고 예쁜 꽃을 만날 수 있어요.

블루 옥시페탈룸

INFORMATION

재료

꽃받침: 타조실 30수 올리브색 2g
꽃잎: 클리아실 2151(스카이색) 3g
꽃술: 타조실 30수 파랑색 1g
꽃씨: 타조실 30수 아이보리색 1g
잎: 타조실 30수 초록색 2g
줄기: 꽃철사 23호 25~30cm(조화 줄기 사용 가능)
꽃씨 연결 줄기: 꽃철사 27호 7cm 3개
잎 연결 줄기: 꽃철사 27호 10cm
연두색 꽃테이프

도구

1.5mm 코바늘

가위, 집게, 니퍼, 글루건, 순간접착제, 물풀, 물, 붓

완성 사이즈 — 꽃: 약 3cm × 3cm / 잎: 약 2.5cm × 5cm

꽃

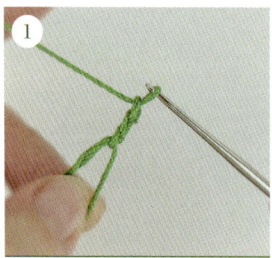
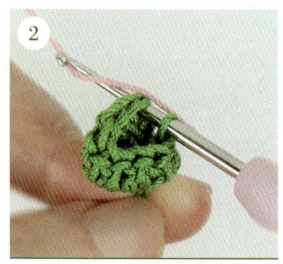

1. 꽃받침 실로 매직링을 만들고 사슬 3코를 뜬다. 매직링에 한길 긴뜨기 9코를 뜬다. 꼬리실을 당겨서 편물을 조인다.

2. 첫 한길 긴뜨기 코에 바늘을 넣고 꽃잎 실을 걸어 빼뜨기를 뜬다.

3. 사슬 1코, 짧은 2코 늘려뜨기 1코를 뜬다.

4. 짧은뜨기 8코 - 첫 짧은뜨기 코에 빼뜨기를 뜬다.

5. 사슬 7코를 뜬다.

6. ⑤의 4번째 사슬에 한길 긴뜨기 1코를 뜬다.

7. 사슬을 따라 두길 긴뜨기 2코를 뜬다.

8. 한길 긴뜨기 1코, 긴뜨기 1코 - 진행 방향으로 1코 건너뛰고 다음 코에 빼뜨기를 뜬다.

⑤~⑧을 반복해 꽃잎 5장을 뜬다. 이때 마지막 코는 시작코에 뜬다.

실을 잘라 편물 안쪽에서 매듭짓고 마무리한다. 꽃 완성. 같은 방법으로 꽃 3송이를 만든다.

꽃잎 끝에 풀을 먹여서 말린다.

꽃술 실로 매직링을 만들고 사슬 1코를 뜬다.

매직링에 짧은뜨기 7코를 뜬다. 꼬리실을 당겨서 편물을 조인다. 첫 짧은뜨기 코에 빼뜨기를 뜬다.

2단 사슬 1코, 짧은뜨기 1코를 뜬다.

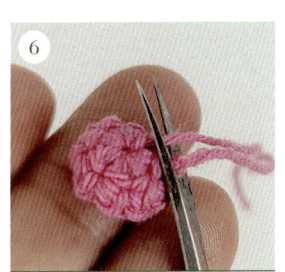

짧은뜨기 6코를 뜬다. 첫 짧은뜨기 코에 빼뜨기를 뜬다.

실을 자른다.

매듭을 묶지 않고 꼬리실 쪽에서 실을 깔끔하게 자른다. 순간접착제로 고정한다.

손가락이나 바늘 끝으로 꽃술 안쪽의 모양을 만져준다.

꽃술 완성.

꽃씨

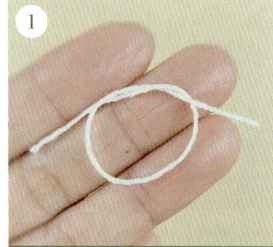
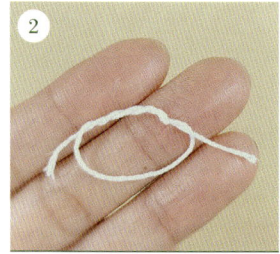
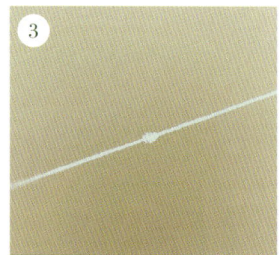

꽃씨 실을 10cm 잘라서 매듭을 짓듯이 감아준다.

실을 4~5번 더 감아준다.

실을 양쪽으로 당겨서 매듭을 만든다.

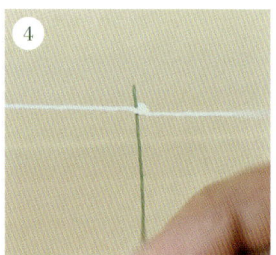
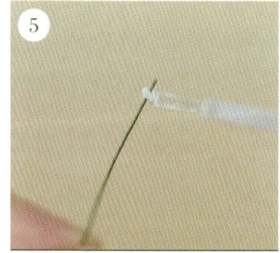
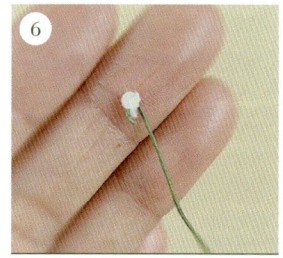

꽃철사 27호 윗부분 0.3cm 정도 위치에 ③을 묶는다.

실을 깔끔하게 자르고 순간접착제로 고정한다.

철사 끝을 구부린다. 꽃씨 완성. 이때 꽃씨가 눕지 않도록 모양을 만져준다.

꽃 연결하기

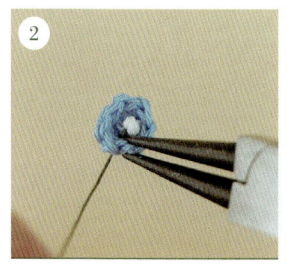

완성한 꽃술에 꽃씨 달린 철사를 꽂는다.

꽃씨가 꽃술 중앙에 오도록 손이나 집게로 만져준다.

완성한 꽃에 ②를 꽂고 글루건으로 접착제를 발라 고정한다.

꽃 1송이 완성. 같은 방법으로 꽃 3송이를 만든다.

잎은 화이트 옥시페탈룸의 '잎'과 같은 방법으로 만든다.(114p 참고.)

연결하기

꽃철사 23호와 완성한 꽃 1송이를 나란히 잡고 꽃테이프를 고정한 뒤 사선 방향으로 감기 시작한다.

1~2cm 간격으로 완성한 꽃을 1송이씩 연결한다. 이때 꽃의 철사가 1cm 정도 보이도록 한다.

잎 1장을 연결한다. 꽃테이프는 철사 끝까지 감아준다.

연결 부위에 순간접착제를 발라 고정한다.

철사를 구부려 자연스러운 모양을 만든다. 블루 옥시페탈룸 완성.

Butterfly ranunculus

나풀거리는 꽃잎이 나비를 닮은 버터플라이 라넌큘러스입니다.
이 책에서 사용한 실 외에도 광택이 있는 실을 사용하면 생화의 윤기 나는 꽃잎을 잘 표현할 수 있습니다.
스토크의 꽃봉오리, 아네모네의 잎과 조합하면 잘 어울립니다.

버터플라이 라넌큘러스

INFORMATION

재료

꽃받침: 타조실 20수 올리브색 1g
꽃잎: 타조실 30수 노랑색 / 연노랑색 2g
꽃술 1: 타조실 30수 갈색 1g
꽃술 2: 타조실 30수 베이지 1g
꽃철사 18호 (조화 줄기 사용 가능)
연두색 꽃테이프, 스티로폼 공 15mm

도구

1.5mm 코바늘
가위, 집게, 니퍼, 글루건, 풀풀, 물, 붓

완성 사이즈 — 약 6cm × 6cm

꽃 꽃받침

 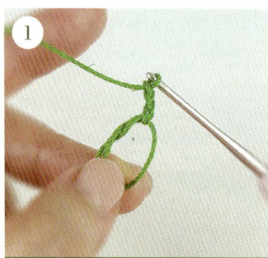 

1. 꽃받침 실로 매직링을 만들고 사슬 3코를 뜬다.

2. 매직링에 한길 긴뜨기 12코를 뜬다. 꼬리실을 당겨서 편물을 조인다. 첫 한길 긴뜨기 코에 바늘을 넣고 꽃잎 실을 걸어 빼뜨기를 뜬다.

3. 사슬 2코, 긴뜨기 1코를 뜬다.

4. 긴뜨기 11코를 뜬다. 첫 긴뜨기 코에 빼뜨기를 뜬다.

꽃 꽃잎 1

1. 사슬 3코, 한길 긴 3코 늘려뜨기 1코를 뜬다.

2. 한길 긴 3코 늘려뜨기 1코를 뜬다.

3. **2단** 사슬 3코를 뜨고 편물을 뒤집는다.

③과 같은 코에 한길 긴뜨기 1코-[한길 긴 2코 늘려뜨기 1코-한길 긴뜨기 1코] 2번-한길 긴 2코 늘려뜨기 1코를 뜬다.

3단 사슬 1코를 뜨고 편물을 뒤집는다.

긴뜨기 1코, 한길 긴뜨기 1코-한길 긴 2코 늘려뜨기 1코를 뜬다.

두길 긴 2코 늘려뜨기 3코를 뜬다.

한길 긴 2코 늘려뜨기 1코-한길 긴뜨기 1코, 긴뜨기 1코를 뜬다.

사슬 1코, 빼뜨기를 뜬다.

사슬 2코를 뜬다.

1단의 한길 긴뜨기 옆코에 빼뜨기를 뜬다.(21p 참고.)

사슬 2코를 뜬다.

1단에 빼뜨기를 뜬다.

꽃
꽃잎 2

사슬 2코를 뜬다.

꽃잎이 아래로 가게 편물을 돌려 '꽃잎 1'의 가운데 코에 빼뜨기를 뜬다. 사슬줄이 만들어진다.

사슬 3코를 뜬다.

꽃잎이 위로 가게 편물을 돌린다.

사슬줄에 한길 긴뜨기 3코를 뜬다.

진행 방향으로 한길 긴 3코 늘려뜨기를 뜬다.

'꽃잎 1'의 ③~⑬을 반복해 꽃잎을 뜬다.

진행 방향으로 빼뜨기 2코를 뜬다.

꽃 꽃잎 3, 4, 5, 6

1. '꽃잎 1, 2'를 반복해 꽃잎 6장을 뜬다. 이때 마지막 빼뜨기 2코는 뜨지 않는다. 실을 자르고 매듭지어 마무리한다.

2. 꽃받침, 꽃잎 완성.

꽃 꽃술

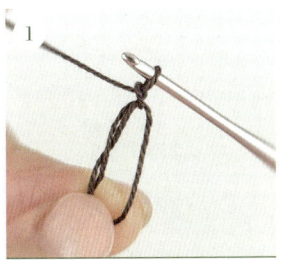
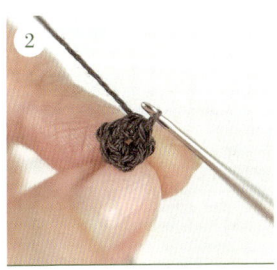

1. 꽃술 1 실로 매직링을 만들고 사슬 1코를 뜬다.

2. 매직링에 짧은뜨기 5코를 뜬다. 꼬리실을 당겨서 편물을 조인다. 첫 짧은뜨기 코에 빼뜨기를 뜬다.

3. **2단** 사슬 1코, 짧은뜨기 1코 - 짧은 2코 늘려뜨기 4코를 뜬다. 첫 짧은뜨기 코에 바늘을 넣고 꽃술 2 실을 걸어 빼뜨기를 뜬다.

4. **3단** 사슬 1코, 짧은뜨기 1코 - 짧은뜨기 8코를 뜬다. 첫 짧은뜨기 코에 빼뜨기를 뜬다.

5. **4단** 사슬 1코, 짧은뜨기 1코 - 짧은뜨기 8코를 뜬다. 첫 짧은뜨기 코에 바늘을 넣고 꽃잎 실을 걸어 빼뜨기를 뜬다.

꽃 상단

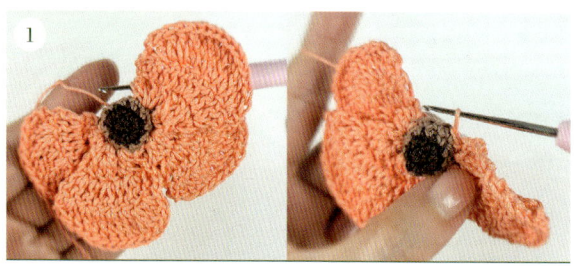

1

'꽃잎 1, 2'를 2번 반복해 꽃잎 4장을 뜬다. 마지막의 빼뜨기 2코는 빼뜨기 1코로 뜬다.

2

'꽃잎 1'을 반복해 꽃잎 1장을 더 뜬다. 시작코에 빼뜨기 1코를 뜬다. 실을 잘라 매듭짓고 마무리한다.

3

꽃 상단 완성.

4

꽃잎 끝에 풀을 먹여서 말린다.

연결하기

1. 글루건으로 꽃받침 안에 접착제를 바르고 스티로폼 공을 넣어 고정한다. (공을 너무 누르면 바깥쪽으로 접착제가 튀어나올 수 있으니 주의.)

2. 꽃철사 윗부분 3cm 정도 비우고 꽃테이프를 사선 방향으로 끝까지 감아준다.

3. 비어있는 철사 윗부분에 순간접착제를 바른다.

4. ①을 철사에 꽂는다. 철사 윗부분을 0.5cm 정도 남기고 자른 후, 집게로 구부려 고정한다.

5. 꽃잎 앞면의 스티로폼 공 주위에 접착제를 바른다. 꽃잎이 교차되도록 위치를 잡아 꽃 상단을 붙인다.

6. 꽃과 철사의 연결 부위와 들뜨는 부분에 순간접착제를 발라 고정한다.

7. 철사를 구부려 자연스러운 모양을 만든다. 버터플라이 라넌큘러스 완성.

Carnation

어버이날과 스승의 날에 감사의 마음을 담아 전하는 꽃, 카네이션입니다.
덕분에 뜨개 꽃으로도 많이 만들어지는 꽃이기도 하지요.
빨간색 대신 예쁜 파스텔색 실로 카네이션을 뜨면 다른 꽃들과도 잘 어울려 다양하게 활용할 수 있습니다.

카
네
이
션

--- INFORMATION ---

재료
꽃받침: 타조실30수 올리브색 1g
꽃잎: 타조실 40수 빨간색 / 살구색 / 연노랑 3g
꽃철사 18호 30cm(조화 줄기 사용 가능)
연두색 꽃테이프, 물방울 모양 스티로폼 15mm 1개
(스티로폼 공 10mm 1개, 15mm 1개를 붙여서 사용 가능)

도구
1.5mm 코바늘,
가위, 집게, 니퍼, 글루건, 순간접착제, 물풀, 물, 붓

완성 사이즈 — 약 6cm × 5cm

꽃 꽃받침

1. 꽃받침 실로 매직링을 만들고 사슬 1코를 뜬다.

2. 매직링에 짧은뜨기 6코를 뜬다. 꼬리실을 당겨서 편물을 조인다. 첫 짧은뜨기 코에 빼뜨기를 뜬다.

3. **2단** 사슬 3코, 한길 긴뜨기 1코-한길 긴뜨기 5코-첫 한길 긴뜨기 코에 빼뜨기를 뜬다.

4. **3단** 사슬 3코, 한길 긴 2코 늘려뜨기 1코-[한길 긴 2코 늘려뜨기 1코-한길 긴뜨기 1코] 2번-한길 긴 2코 늘려뜨기 1코-첫 한길 긴뜨기 코에 빼뜨기를 뜬다.

5. **4단** 사슬 3코, 한길 긴 2코 늘려뜨기 1코-[한길 긴뜨기 1코-한길 긴 2코 늘려뜨기 1코] 4번-한길 긴뜨기 1코-첫 한길 긴뜨기 코에 바늘을 넣고 꽃잎 실을 걸어 빼뜨기를 뜬다.

꽃 꽃잎 1

1. 사슬 4코, 두길 긴뜨기 1코-두길 긴 2코 늘려뜨기 1코-두길 긴 3코 늘려뜨기 1코를 뜬다.

2. 사슬 2코를 뜨고 편물을 뒤집는다. 같은 코에 한길 긴 2코 늘려뜨기 1코를 뜬다.

3. 두길 긴 3코 늘려뜨기 1코-[두길 긴뜨기 1코, 사슬 1코, 한길 긴뜨기 1코, 사슬 1코, 두길 긴뜨기 1코] 2코-두길 긴 3코 늘려뜨기 1코-한길 긴 2코 늘려뜨기 1코, 사슬 2코, 빼뜨기 1코를 뜬다.

사슬 3코를 뜨고 1단에 빼뜨기를 뜬다.

사슬 4코를 뜬다.

편물을 왼쪽으로 뒤집는다. 꽃잎을 건너뛰고 꽃받침 코에 빼뜨기를 뜬다. 사슬줄이 만들어진다.

①~⑥을 반복해 꽃잎 2장을 만든 모습.

같은 방법으로 꽃잎 5장을 만든다. 마지막 코는 첫 번째 사슬줄에 빼뜨기를 뜬다.

꽃
꽃잎 2

사슬줄 1에 사슬 3코, 한길 긴뜨기 2코를 뜬다.

사슬줄 2에 한길 긴뜨기 3코를 뜬다.

사슬 2코를 뜨고 편물을 뒤집는다. 같은 코에 한길 긴 2코 늘려뜨기 1코를 뜬다.

두길 긴뜨기 1코, 사슬 1코, 한길 긴뜨기 1코, 사슬 1코, 두길 긴뜨기 1코-두길 긴 3코 늘려뜨기 1코-두길 긴뜨기 1코, 사슬 1코, 한길 긴뜨기 1코, 사슬 1코, 두길 긴뜨기 1코-한길 긴 2코 늘려뜨기 1코, 사슬 2코, 빼뜨기 1코를 뜬다.

사슬 2코를 뜨고 사슬줄 1에 빼뜨기를 뜬다.

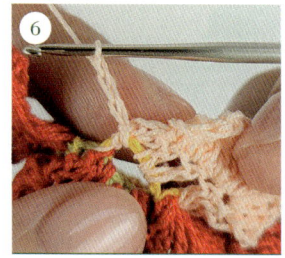

사슬 3코를 뜬다.

편물을 왼쪽으로 뒤집는다. 사슬줄 2(첫 꽃잎 바로 옆)에 빼뜨기를 뜬다.

사슬 3코, 한길 긴뜨기 2코를 뜬다. 사슬줄 3에 한길 긴뜨기 3코를 뜬다.

③~⑦을 반복한다.

⑧~⑨를 반복해 꽃잎 2장을 더 뜬다.

마지막 꽃잎은 사슬줄 5에 뜬다. 사슬 3코, 한길 긴뜨기 5코를 뜬다.

③~⑦을 반복한다. 마지막 코는 사슬줄 1에 빼뜨기를 뜬다.

매듭짓고 실을 잘라 마무리한다.

꽃받침, 꽃잎 완성. 꽃잎 끝에만 풀을 약하게 먹여서 말린다.

꽃
상단
FLOWER CROCHET

1. 꽃잎 실로 매직링을 만들고 사슬 4코를 뜬다.

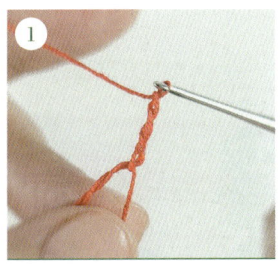

2. 매직링에 두길 긴뜨기 20코를 뜬다. 꼬리실을 당겨서 편물을 조인다. 첫 두길 긴뜨기 코에 빼뜨기를 뜬다.

3. 사슬 3코, 한길 긴 4코 늘려뜨기 1코를 뜬다.

4. 한길 긴 5코 늘려뜨기 19코를 뜬다. 1번째 한길 긴뜨기 코에 빼뜨기를 뜬다.

5. [사슬 3코 - 짧은뜨기 1코]를 마지막 코까지 반복한다.
TIP 이 부분을 꽃잎보다 한톤 어두운 색의 실로 뜨면 자연스럽게 투톤 꽃으로 연출할 수 있다.

6. 마지막 코는 빼뜨기를 한다.

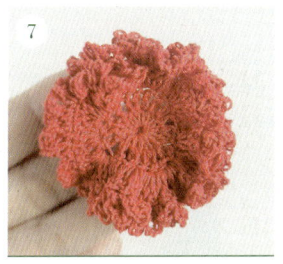

7. 실을 잘라 매듭짓고 마무리한다.

연결하기

1
꽃철사 윗부분 3cm 정도를 비우고 꽃테이프를 사선 방향으로 끝까지 감아준다.

TIP 굵은 줄기를 원하면 테이프를 1~2번 더 감아준다.

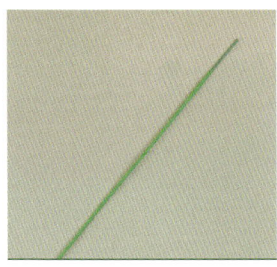

2
물방울 모양의 스티로폼 공에 철사로 미리 구멍을 낸다.(스티로폼 공이 부서지는 것을 막아준다.)

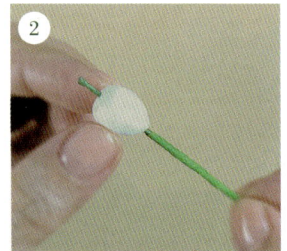

3
글루건으로 꽃받침 안에 접착제를 바른다. ②의 스티로폼 공을 넣고 고정한다.(둥근 스티로폼 공을 사용할 때는 10mm, 15mm순으로 넣어서 고정한다.)

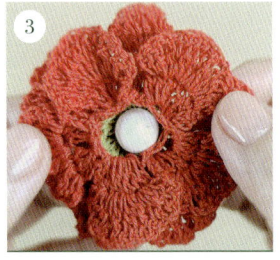

4
③에 ①을 꽂는다. 철사를 스티로폼 공 위로 0.5cm 정도 남기고 자른다.

5
철사를 집게로 구부려 고정한다.

6
꽃받침과 철사의 연결 부위에 순간접착제를 발라 고정한다.

7
꽃의 중앙에 접착제를 발라 윗꽃잎을 붙인다.

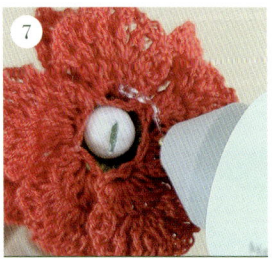

8
꽃잎이 들뜨지 않도록 접착제나 순간접착제로 꼼꼼하게 고정한다.

9
철사를 구부려 자연스러운 모양을 만든다. 카네이션 완성.

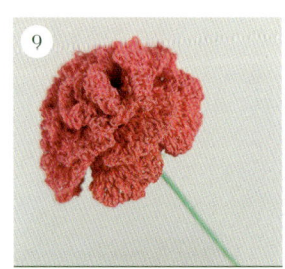

Carnation

Freesia

봄의 시작을 알리는 프리지아는 설명이 필요 없을 만큼 인기가 좋은 꽃이지요.
제 유튜브에서도 많은 사랑을 받았던 프리지아를 조금 더 예쁘게 다듬었습니다.
정성껏 뜬 프리지아를 선물해 소중한 사람의 햇살 같은 미소를 만나보세요.

프리지아

INFORMATION

재료

꽃받침, 꽃봉오리: 타조실 30수 올리브색 2g
꽃잎: 타조실 30수 진노랑 / 보라 각 3g
꽃술: 타조실 30수 연노랑 1g
줄기: 꽃철사 18호 30cm (조화 줄기 사용 가능)
꽃봉오리 연결 줄기: 꽃철사 27호 5cm 6개
연두색 꽃테이프

도구

1.5mm 코바늘

가위, 니퍼, 글루건, 순간접착제, 물풀, 물, 붓

완성 사이즈 ― 약 3.5cm × 4.5cm

18

꽃 1

# 1
꽃잎 실로 매직링을 만들고 사슬 3코를 뜬다.

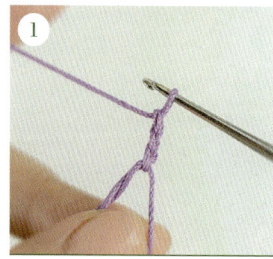# 2
매직링에 한길 긴뜨기 6코를 뜬다. 꼬리실을 당겨서 편물을 조인다. 첫 한길 긴뜨기 코에 빼뜨기를 뜬다.

# 3
2단 사슬 3코, 한길 긴 2코 늘려뜨기 1코-한길 긴뜨기 1코를 뜬다.

# 4
[한길 긴 2코 늘려뜨기 1코-한길 긴뜨기 1코] 2번-첫 한길 긴뜨기 코에 빼뜨기를 뜬다.

# 5
3단 사슬 3코, 한길 긴 2코 늘려뜨기 1코-한길 긴뜨기 1코를 뜬다.

# 6
[한길 긴 2코 늘려뜨기 1코-한길 긴뜨기 1코] 3번-한길 긴 2코 늘려뜨기 1코-첫 한길 긴뜨기 코에 빼뜨기를 뜬다.

# 7
4단 사슬 3코, 한길 긴 2코 늘려뜨기 1코를 뜬다.

# 8
한길 긴뜨기 13코-첫 한길 긴뜨기 코에 빼뜨기를 뜬다.

# 9
사슬 2코, 한길 긴뜨기 1코를 뜬다.

# 10
두길 긴 2코 늘려뜨기 1코, 사슬 1코를 뜬다.

# 11
세길 긴뜨기 1코, 사슬 1코를 뜬다.

두길 긴 2코 늘려뜨기 1코를 뜬다.

한길 긴뜨기 1코, 사슬 2코, 빼뜨기 1코를 뜬다.

진행 방향으로 빼뜨기 1코를 뜬다.

⑨~⑭를 반복해 꽃잎 3장을 뜬다. 마지막 빼뜨기는 시작코에 뜬다.

사슬 2코를 뜬다.

꽃잎이 아래를 향하게 편물을 뒤집는다. 꽃잎 뒷면의 세길 긴뜨기 코 아래 기둥코에 빼뜨기를 뜬다.

사슬 5코를 뜬다.

다음 꽃잎의 세길 긴뜨기 코 아래 기둥코에 빼뜨기를 뜬다. 사슬줄이 만들어진다.

⑱~⑲를 반복해 사슬줄 3개를 만든다. 이때 마지막 빼뜨기는 사슬줄 1에 뜬다.

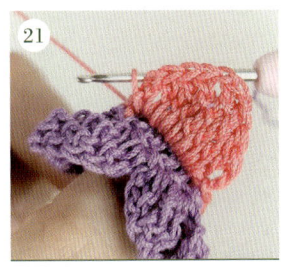

사슬줄 1에 ⑨~⑬을 반복해 꽃잎 1장을 뜬다. 이때 모든 코를 같은 사슬줄에 떠서 꽃잎 1장을 만든다.

다음 사슬줄로 이동할 때는 빼뜨기를 1코씩 뜬다.

㉑~㉒를 반복해 꽃잎 3장을 만든다. 실을 잘라 꼬리실이 풀리지 않게 세게 매듭짓고 마무리한다.

꽃 2

1. '꽃 1'의 ①~⑥을 뜬다.

2. '꽃 1'의 ⑨~⑭를 반복해 꽃잎 3장을 뜬다. 마지막 빼뜨기는 뜨지 않고 마지막 코는 첫 시작코에 뜬다.

3. 실을 잘라 매듭짓고 마무리한다. 꼬리실이 풀리지 않도록 매듭을 세게 묶는다.

4. 꽃 1, 2 모두 꽃잎 끝에 풀을 먹여서 말린다.

꽃받침

1. 꽃받침 실로 매직링을 만들어 사슬 4코를 뜬다.

2. 매직링에 두길 긴뜨기 13코, 사슬 4코를 뜬다.

3. 매직링에 빼뜨기를 뜨고 실을 자른다.

④ 꼬리실을 당겨 편물을 조인다. 매듭짓는다.

⑤ 실을 편물 앞면으로 가져와서 자른다.

⑥ 꽃받침 완성. 꽃받침은 완성한 꽃 개수에 맞게 준비한다.

꽃술

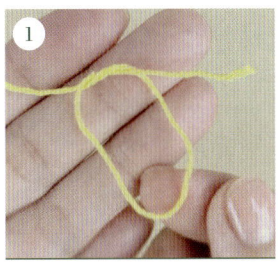
① 꽃술 실을 10cm 정도 잘라서 매듭을 짓듯이 감아준다.

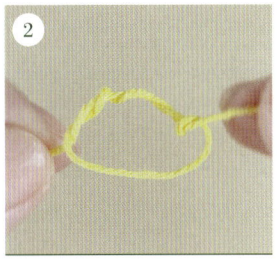
② 실을 4~5번 더 감아준다.

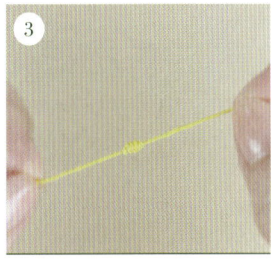
③ 실을 양쪽으로 당겨서 매듭을 만든다.

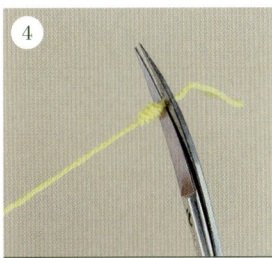
④ 실 한쪽을 자른다. 꽃술 완성.

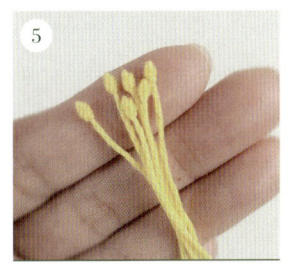
⑤ 꽃술은 꽃 1송이당 3개씩 준비한다.

꽃봉오리 1

1. 꽃받침 실로 매직링을 만들고 사슬 2코를 뜬다.

2. 매직링에 한길 긴뜨기 8코, 사슬 2코를 뜬다.

3. 매직링에 빼뜨기를 뜨고 꼬리실을 당겨서 편물을 조인다. 매듭짓고 남은 실은 편물 앞으로 가져와 자르고 마무리한다. 꽃봉오리 1 완성.

꽃봉오리 2

1. '꽃봉오리 1'을 뜬다. 시작코에서 3번째 사슬에 바늘을 넣고 꽃잎 실을 걸어 사슬 1코를 뜬다.

2. 긴뜨기 1코-한길 긴뜨기 4코-긴뜨기 1코-사슬 1코, 빼뜨기 1코를 뜬다. 실을 잘라 매듭짓고 마무리한다. 꽃봉오리 2 완성. 같은 방법으로 2개를 준비한다.

꽃봉오리 3

꽃받침 실로 매직링을 만들고 사슬 3코를 뜬다. 매직링에 두길 긴뜨기 8코-사슬 3코, 매직링에 빼뜨기 1코를 뜬다. 꼬리실을 당겨서 편물을 조인다. 매듭짓고 실을 잘라 마무리한다. 꽃봉오리 3 완성.

꽃봉오리 4

1

'꽃봉오리 3'을 뜬다. 시작코에서 4번째 사슬에 바늘을 넣어 꽃잎 실을 걸어 사슬 2코를 뜬다. 다음 코에 한길 긴뜨기 1코-두길 긴뜨기 4코-한길 긴뜨기 1코-사슬 2코, 빼뜨기 1코를 뜬다. 실을 잘라 매듭짓고 마무리한다. 꽃봉오리 4 완성.

2

모든 꽃봉오리를 완성한 모습.

꽃 1 연결하기

1

2

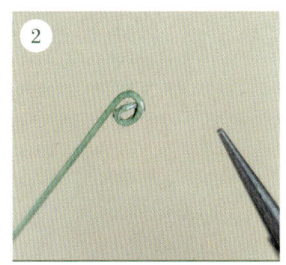
3

완성한 꽃술을 꽃 1에 넣는다.

집게로 꽃철사 18호 끝을 동그랗게 말아준다.

②를 ①에 꽂는다.

4

5

6

꽃철사와 꽃술을 나란히 잡고 꽃테이프를 꽃 바로 아래에 고정한 뒤 사선 방향으로 감기 시작한다.(테이프 시작 부분에 접착제를 발라 고정해도 된다.)

글루건으로 꽃받침 중앙에 접착제를 바르고 꽃의 1단에 맞춰 붙인다.

꽃받침 한쪽에 접착제를 발라 꽃에 붙인다.

7. 꽃 아래쪽이 들뜨지 않게 줄기를 감싸며 꽃받침의 반대쪽도 붙인다.

8. 꽃 1 완성.

꽃 2 연결하기

1. 완성한 꽃술을 꽃 2에 넣는다. 집게로 꽃철사 27호 끝을 동그랗게 말아주고 꽃에 꽂는다.

2. 꽃받침 중앙에 접착제를 바르고 꽃에 붙인다. 꽃술을 꽃받침 길이에 맞게 자른다.

3. 꽃 아래쪽이 들뜨지 않게 꽃받침을 붙인다.

꽃봉오리 연결하기

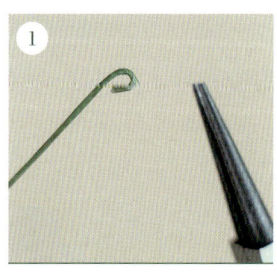

1. 집게로 꽃철사 27호 끝을 구부려준다.

2. 글루건으로 꽃봉오리 1에 접착제를 바르고 철사에 붙인다. 철사를 감싸서 고정한다.

꽃봉오리 1 완성.

나머지 꽃봉오리도 같은 방법으로 붙여 준비한다.

연결하기

꽃철사 18호와 꽃봉오리 1을 나란히 잡고 꽃테이프를 고정한 뒤 사선 방향으로 감기 시작한다.

꽃봉오리 3, 2, 2, 4, 꽃 2 순서로 0.5~1cm 간격을 두고 철사에 연결한다. 테이프는 철사 끝까지 감아준다.

연결 부위가 들뜨지 않게 순간접착제로 고정한다. 철사를 구부려 자연스러운 모양을 만든다.

프리지아 완성.

Prairie Gentian

'변치 않는 사랑'이라는 멋진 꽃말을 갖고 있는 리시안셔스입니다.
리시안셔스에는 꽃색으로는 드문 그린 계열의 색도 있어 제가 특히 좋아하는 꽃이기도 해요.
루스커스, 레몬잎, 잎설유 등의 그린 소재와 조합해 싱그러운 느낌의 꽃다발을 만들어보세요.

리시안셔스

INFORMATION

재료

꽃받침: 타조실 30수 올리브색 1g
꽃: 실크인견사 803 (라이트피치) / 804 (베이비핑크) /
타조실 30수 연두색 5g
꽃술: 타조실 30수 노랑색 1g
꽃철사 18호 30cm(조화 줄기 사용 가능), 연두색 꽃테이프

도구

1.5mm 코바늘,
가위, 집게, 니퍼, 돗바늘, 글루건

완성 사이즈 — 약 5.5cm × 4cm

꽃 꽃받침

1. 꽃받침 실로 사슬 17코를 뜬다.

2. ①의 14번째 사슬에 한길 긴뜨기 1코를 뜬다.

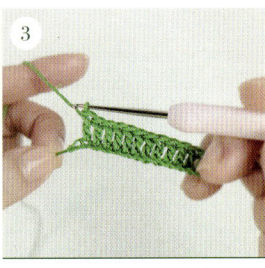

3. 한길 긴뜨기 12코를 뜬다.

4. 마지막 코에 한길 긴뜨기 1코를 더 뜬다. (바늘에 실이 2코 걸렸을 때 꽃잎 실을 걸어 남은 2코를 뜬다.)

꽃 꽃잎

1. **1단** 사슬 3코를 뜨고 편물을 뒤집는다. 같은 코에 한길 긴뜨기 1코를 뜬다.

2. 한길 긴 2코 늘려뜨기 13코를 뜬다.

3. **2단** 사슬 3코를 뜨고 편물을 뒤집는다. 같은 코에 한길 긴뜨기 1코를 뜬다.

4 한길 긴 2코 늘려뜨기 2코를 뜬다.

5 **3단** 사슬 3코를 뜨고 편물을 뒤집는다. 같은 코에 한길 긴뜨기 1코를 뜬다.

6 한길 긴 2코 늘려뜨기 4코를 뜬다.

7 **4단** 사슬 1코를 뜨고 편물을 뒤집는다.

8 긴뜨기 1코, 한길 긴뜨기 1코를 뜬다.

9 한길 긴 3코 늘려뜨기 1코를 뜬다.

10 [두길 긴뜨기 1코, 사슬 1코, 한길 긴뜨기 1코, 사슬 1코, 두길 긴뜨기 1코]를 3코 뜬다.

11 한길 긴 3코 늘려뜨기 1코-한길 긴뜨기 1코, 긴뜨기 1코, 사슬 1코를 뜬다.

12 마지막 코에 빼뜨기를 뜬다.

13 사슬 2코를 뜬다.

14 2단의 한길 긴뜨기 옆코에 빼뜨기를 뜬다.(21p 참고)

15 사슬 2코를 뜨고 1단에 빼뜨기를 뜬다.

꽃잎 1장 완성.

사슬 2코를 뜬다.

꽃잎 뒷면 2코 건너뛰고 3번째 한길 긴뜨기 기둥코에 빼뜨기를 뜬다. 사슬줄이 만들어진다.

사슬 3코를 뜬다.

편물을 180도 돌린다. 사슬줄에 한길 긴뜨기 1코를 뜬다.

진행 방향으로 한길 긴 2코 늘려뜨기 2코를 뜬다.

사슬 3코를 뜨고 편물을 뒤집는다. 같은 코에 한길 긴뜨기 1코를 뜬다.

한길 긴 2코 늘려뜨기 4코를 뜬다.

사슬 1코를 뜨고 편물을 뒤집는다. 다음 코에 긴뜨기 1코, 한길 긴뜨기 1코를 뜬다.

⑨~⑮를 반복한다.

⑰~㉕를 반복해 꽃잎 13장을 뜬다. 마지막 꽃잎은 3단까지만 뜨고 실을 30cm 정도 남기고 자른다.

꽃 완성.

꽃술

 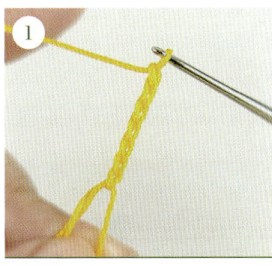 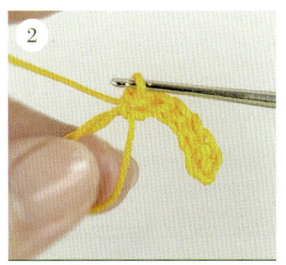 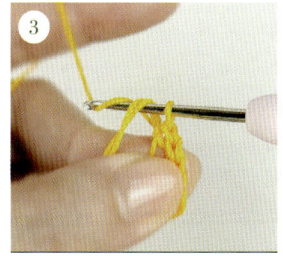

1. 꽃술 실로 매직링을 만들고 사슬 7코를 뜬다.
2. 사슬을 따라 짧은뜨기 1코-빼뜨기 5코를 뜬다.
3. 매직링에 빼뜨기를 한다.

 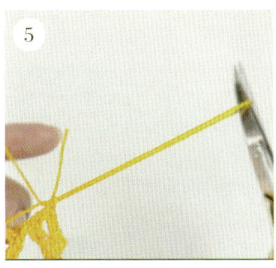  

4. ①~③을 반복해 꽃술 4개를 뜬다.
5. 실을 잘라 꼬리실 쪽에서 매듭짓고 마무리한다.
6. 노란 꽃술 완성.
7. 꽃받침 실로 사슬 7코를 뜬다.

8. 짧은뜨기 1코-빼뜨기 5코를 뜬다.
9. 매듭짓고 실을 5cm 정도 남기고 자른다.
10. 노란 꽃술 중앙에 ⑨의 꼬리실을 통과시켜 연결한다.
11. 꽃술 완성. 이때 꼬리실은 자르지 않고 남겨둔다.

꽃술 연결하기

1. 꽃철사 18호에 꽃테이프를 고정한 뒤 사선 방향으로 끝까지 감아준다.

2. 철사 윗부분에 꽃술의 꼬리실을 풀리지 않도록 묶는다.

3. 집게로 철사 끝부분을 구부린다.

4. 연결한 모습.

꽃잎 시침질하기

1. 꽃의 남겨둔 꼬리실을 돗바늘에 꿴다.

2. 꽃잎이 겹쳐지는 부분에 시침질을 해 꽃잎을 연결한다.

3. 1번째부터 7번째 꽃잎까지는 사진처럼 바늘땀이 조금만 보이도록 시침질한다.

4. 나머지 꽃잎은 바늘땀이 많이 보이도록 시침질한다.

5. 시침질 완성. 이때 꼬리실은 자르지 않고 남겨둔다.

연결하기

 1
 2
 3
 4 (실제 라벨 1)

1. 꼬리실이 왼쪽에 오도록 꽃잎을 잡고 글루건으로 꽃받침에 접착제를 조금 바른다. (구멍으로 접착제가 빠져나와 화상을 입지 않도록 주의.)

2. 꽃술과 꽃잎 끝이 비슷하게 오도록 위치를 잡고 철사를 붙인다.

3. 꽃받침에 접착제를 조금씩 바르며 7번째 꽃잎까지 감아서 붙인다.

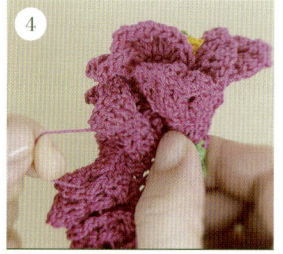

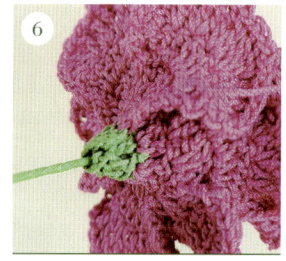

4. 꽃잎들이 모아지도록 중간에 있는 꼬리실을 당긴다.

5. 중간에 당겨진 실이 고르게 펴지도록 꼬리실 끝을 다시 한 번 당긴다.

6. 꽃받침에 접착제를 조금씩 바르며 마지막 꽃잎까지 붙인다.

7. 마지막 꽃잎과 만나는 꽃잎에 바늘을 넣어 꼬리실을 통과시킨다.

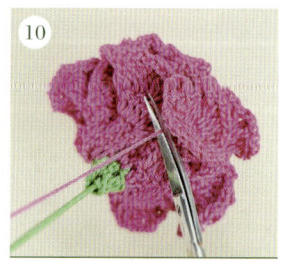

8. 꼬리실을 당겨 꽃잎을 모아준다.

9. 꽃잎이 예쁘게 겹쳐지도록 모양을 잡는다.

10. 실을 잘라 매듭짓고 마무리한다.

11. 철사를 구부려 자연스러운 모양을 만든다. 리시안셔스 완성.

Prairie Gentian

Windflower

지중해가 원산지인 아네모네는 커다란 꽃잎, 짙은색의 꽃술, 다양한 색상이 매력입니다.
고급스럽고 우아한 꽃이라 한 송이만 꽂아도, 꽃다발에 껴넣어도 화려한 느낌을 줍니다.
보라색 아네모네를 만들 때는 연보라색 실로 꽃술을 만들고
끝 부분을 보라색 펜으로 칠하면 더 영롱하게 완성할 수 있습니다.

아네모네

INFORMATION

재료

꽃: 오메가실 55(연보라색) 3g
잎: 앤실 5398(딥그린색) 1g
꽃술 1: 타조실 30수 검정색 1g
꽃술 2: 타조실 30수 베이지색 1g
2mm 꽃철사 35cm
스티로폼 공 10mm, 20mm

도구

1.75mm 코바늘
가위, 집게, 펜치, 패브릭마커 검정색, 글루건, 물풀, 물, 붓

완성 사이즈 — 약 8cm × 8cm

꽃
꽃잎 1

1. 꽃 실로 매직링을 만들고 사슬 1코를 뜬다.

2. 매직링에 짧은뜨기 10코를 뜬다. 꼬리실을 당겨서 편물을 조인다. 첫 짧은뜨기 코에 빼뜨기를 뜬다.

3. 사슬 1코, 짧은뜨기 1코-짧은 2코 늘려뜨기 9코-첫 짧은뜨기 코에 빼뜨기를 뜬다.

4. 사슬 3코, 한길 긴뜨기 1코-한길 긴 2코 늘려뜨기 5코를 뜬다.

5. **2단** 사슬 3코를 뜨고 편물을 뒤집는다. 같은 코에 한길 긴뜨기 1코를 뜬다.

6. 한길 긴뜨기 10코를 뜬다.

7. **3단** 사슬 1코를 뜨고 편물을 뒤집는다.

8. 긴뜨기 1코-한길 긴뜨기 1코-두길 긴뜨기 1코를 뜬다.

9. 두길 긴뜨기 1코, 사슬 1코, 한길 긴뜨기 1코, 사슬 1코, 두길 긴뜨기 1코를 뜬다.

10. 세길 긴 3코 늘려뜨기 1코를 뜬다.

11. 두길 긴뜨기 1코, 사슬 1코, 한길 긴뜨기 1코, 사슬 1코, 두길 긴뜨기 1코를 뜬다.

두길 긴뜨기 1코-한길 긴뜨기 1코-긴뜨기 1코-사슬 1코를 뜬다.

마지막 코에 빼뜨기 1코, 사슬 2코를 뜬다.

1단의 한길 긴뜨기 옆코에 빼뜨기를 뜬다.(21p 참고.)

사슬 2코를 뜨고 1단에 빼뜨기를 뜬다.

진행 방향으로 빼뜨기 1코를 뜬다.

④~⑯을 반복해 꽃잎 3장을 뜬다.

꽃
꽃잎 2

사슬 2코를 뜨고 다음 꽃잎의 오른쪽에서 7번째 기둥코에 빼뜨기를 뜬다.

사슬 5코를 뜨고 다음 꽃잎 오른쪽에서 7번째 기둥코에 빼뜨기를 뜬다. 사슬줄 1이 만들어진다.

②를 2번 반복해 사슬줄 3개를 만든다. 마지막 빼뜨기는 사슬줄 1에 뜬다.

사슬 3코를 뜨고 사슬줄에 한길 긴뜨기 9코를 뜬다.

2단 사슬 3코를 뜨고 편물을 뒤집는다. 같은 코에 한길 긴뜨기 1코-한길 긴뜨기 8코를 뜬다.

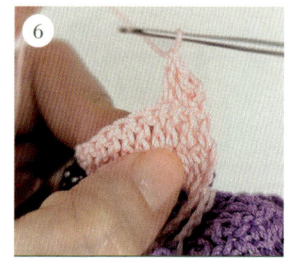
3단 사슬 1코를 뜨고 편물을 뒤집는다. 다음 코에 긴뜨기 1코-한길 긴뜨기 1코를 뜬다.

[두길 긴뜨기 1코, 사슬 1코, 한길 긴뜨기 1코, 사슬 1코, 두길 긴뜨기 1코]를 3코 뜬다.

한길 긴뜨기 1코-긴뜨기 1코-사슬 1코를 뜬다.

마지막 코에 빼뜨기 1코, 사슬 2코를 뜬다.

1단의 한길 긴뜨기 옆코에 빼뜨기를 뜬다.(21p 참고.)

사슬 2코를 뜨고 사슬줄에 빼뜨기를 뜬다.

다음 사슬줄에 빼뜨기를 뜬다.

④~⑫를 반복해 꽃잎 3장을 뜬다. 마지막 빼뜨기는 뜨지 않는다.

꽃
꽃잎 3

1. 사슬 2코를 뜨고 다음 꽃잎의 오른쪽에서 6번째 기둥코에 빼뜨기를 뜬다.

2. 사슬 5코를 뜨고 다음 꽃잎의 오른쪽에서 6번째 기둥코에 빼뜨기를 뜬다. 사슬줄 1이 만들어진다.

3. ②를 2번 반복해 사슬줄 3개를 만든다. 마지막 빼뜨기는 사슬줄 1에 뜬다.

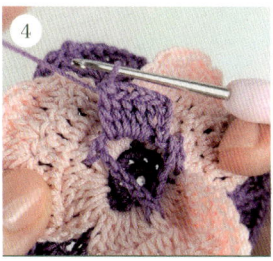

4. 사슬 3코를 뜨고 사슬줄에 한길 긴뜨기 5코를 뜬다.

5. **2단** 사슬 3코를 뜨고 편물을 뒤집는다. 같은 코에 한길 긴뜨기 1코를 뜬다.

6. 한길 긴 2코 늘려뜨기 4코를 뜬다.

7. **3단** 사슬 1코를 뜨고 편물을 뒤집는다.

8. 긴뜨기 1코-한길 긴뜨기 1코-두길 긴뜨기 1코를 뜬다.

9. 두길 긴뜨기 1코, 사슬 1코, 한길 긴뜨기 1코, 사슬 1코, 두길 긴뜨기 1코를 뜬다.

10. 두길 긴뜨기 1코-한길 긴뜨기 1코-긴뜨기 1코-사슬 1코를 뜬다.

⑪ 마지막 코에 빼뜨기 1코, 사슬 2코를 뜬다.

⑫ 1단의 한길 긴뜨기 옆코에 빼뜨기를 뜬다.(21p 참고.)

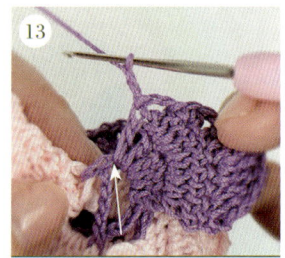
⑬ 사슬 2코를 뜨고 사슬줄에 빼뜨기를 뜬다.

⑭ 다음 사슬줄에 빼뜨기를 뜬다.

⑮ ④~⑭를 반복해 꽃잎 3장을 뜬다. 마지막 빼뜨기는 뜨지 않는다. 실을 잘라 매듭짓고 마무리한다.

⑯ 꽃잎 끝에 풀을 먹여서 말린다.

꽃술

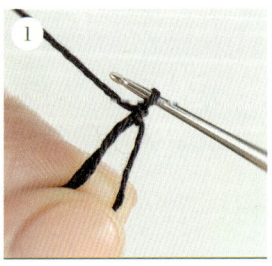
① 꽃술 1 실로 매직링을 만들고 사슬 1코를 뜬다.

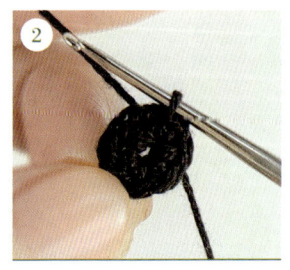
② 매직링에 짧은뜨기 7코를 뜬다. 꼬리실을 당겨서 편물을 조인다. 첫 짧은뜨기 코에 빼뜨기를 뜬다.

③ **2단** 사슬 1코, 짧은뜨기 1코-짧은 2코 늘려뜨기 6코-첫 짧은뜨기 코에 빼뜨기를 뜬다.

3단 사슬 1코, 짧은뜨기 1코 - 짧은뜨기 12코 - 첫 짧은뜨기 코에 빼뜨기를 뜬다.
4단 3단을 반복한다.

실을 잘라 편물 안쪽에서 매듭짓는다. 남은 실은 편물 안쪽에 넣어 마무리한다. 꽃술 1 완성.

꽃술 2 실을 세 손가락(약 4~5cm)에 10번 감는다.

실 중앙을 묶고 총 길이가 3.5~4cm가 되도록 가위로 실 양쪽 끝을 자른다.

같은 방법으로 2개를 준비한다.

십자 모양으로 겹친 후, 동그란 모양이 되도록 가위로 다듬어준다.

검정색 패브릭마커로 실의 양끝을 칠한다.

십자 모양으로 겹쳐 패브릭마커 라인을 맞춘다. 꽃술 2 완성.

잎 1

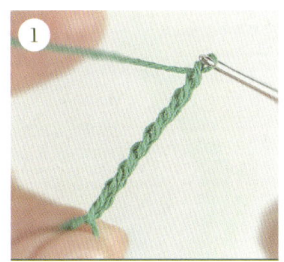

잎 실로 매직링을 만들고 사슬 9코를 뜬다.

사슬을 따라 빼뜨기 2코 - 짧은뜨기 2코 - 긴뜨기 4코를 뜨고 매직링에 빼뜨기를 뜬다.

사슬 8코를 뜬다. 사슬을 따라 빼뜨기 2코 - 짧은뜨기 2코 - 긴뜨기 3코를 뜨고 매직링에 빼뜨기를 뜬다.

4

사슬 10코를 뜬다. 사슬을 따라 빼뜨기 2코-짧은뜨기 2코-긴뜨기 5코를 뜨고 매직링에 빼뜨기를 뜬다. 사슬 7코를 뜬다. 사슬을 따라 빼뜨기 2코-짧은뜨기 2코-긴뜨기 2코를 뜨고 매직링에 빼뜨기를 뜬다. 사슬 8코를 뜬다. 사슬을 따라 빼뜨기 2코-짧은뜨기 2코-긴뜨기 3코를 뜨고 매직링에 빼뜨기를 뜬다. 중앙에 철사를 꽂을 공간을 살짝 남기고 꼬리실을 당겨 편물을 조인다. 실을 잘라 매듭짓고 마무리한다.

잎 2

1

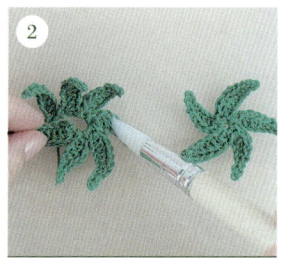

2

'잎 1'의 잎 5장을 뜬다. 이어서 '잎 1'의 ①~③을 반복해 잎 7장을 만든다. 실을 20cm 정도 남기고 자른다.

잎 1, 2에 풀을 먹여서 말린다.

연결하기

1

2

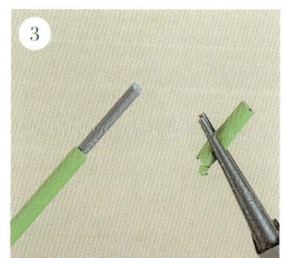

3

글루건으로 꽃잎 안에 접착제를 바른다.

스티로폼 공 20mm를 넣어서 고정한다. (공을 너무 누르면 바깥쪽으로 접착제가 튀어나올 수 있으니 주의.)

2mm 꽃철사 1cm 정도 위치에 가위집을 내 고무를 뺀다.

잎 1을 철사에 꽂는다.

잎 1 윗부분에 접착제를 바른다.

②를 ⑤에 꽂아 고정한다.

꽃 중앙 부분에 접착제를 바르고 꽃술 2를 십자 모양으로 붙인다.

꽃술 1 안에 접착제를 조금 바른다.

스티로폼 공 10mm를 꽃술 1 안에 넣고 고정한다.(공을 너무 누르면 바깥쪽으로 접착제가 튀어나올 수 있으니 주의.) 꽃술 밖으로 나오는 공은 평평해지도록 손으로 누르거나 가위로 자른다.

스티로폼 공 주위에 접착제를 바른다.(접착제가 편물 밖으로 빠져나오지 않도록 주의)

꽃술 1을 꽃술 2 중앙에 붙인다. 잘 고정되도록 오래 눌러준다.

잎 2를 철사에 꽂아 실을 당겨 편물을 조인다. 매듭짓고 짧은 실을 깔끔하게 자른다.

남겨둔 긴 실을 돗바늘에 꿴다. 잎이 납작하게 되도록 손으로 누르고 꿰매어 고정한다.

철사를 구부려 자연스러운 모양을 만든다. 아네모네 완성.

Brompton stock

비단향꽃무라고도 불리는 스토크는 '영원한 아름다움',
'변하지 않는 사랑'이라는 예쁜 꽃말을 가지고 있어요.
꽃대에 여러 송이를 연결해 생화처럼, 굵은 철사에 1송이만 달아 포인트로 연출해도 좋습니다.
아이보리, 살구, 연보라, 분홍 등 파스텔 톤의 실로 다양한 색감의 스토크를 만들어보세요.

스 토 크

INFORMATION

재료

꽃받침: 타조실 30수 연두색 7g
꽃잎: 타조실 30수 살구색 / 보라색 /
실크인견사 803(라이트피치) / 804(베이비핑크) 각 20g
꽃봉오리: 타조실 30수 연노랑 /
실크인견사 803(라이트피치) 각 5g,
줄기: 2mm 꽃철사 / 18호 35cm
꽃봉오리 연결 줄기: 꽃철사 23호 10cm 12개
연두색 꽃테이프

도구
1.5mm 코바늘
가위, 집게, 니퍼, 글루건, 물풀, 물, 붓

완성 사이즈 — 약 5.5cm × 5.5cm

꽃 꽃받침

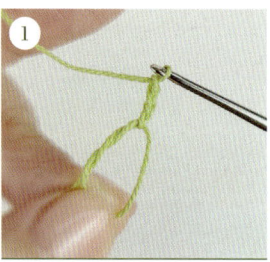

1. 꽃받침 실로 매직링을 만들고 사슬 3코를 뜬다.

2. 매직링에 한길 긴뜨기 10코를 뜬다. 꼬리실을 당겨서 편물을 조인다. 첫 한길 긴뜨기 코에 빼뜨기를 뜬다.

3. **2단** 사슬 3코, 한길 긴 2코 늘려뜨기 1코-한길 긴 2코 늘려뜨기 9코를 뜬다. 첫 한길 긴뜨기 코에 바늘을 넣고 꽃잎 실을 걸어 빼뜨기를 뜬다.

꽃 꽃잎 1

1. 사슬 3코, 두길 긴뜨기 1코, 세길 긴뜨기 1코, 사슬 1코, 두길 긴뜨기 1코, 사슬 1코, 세길 긴뜨기 1코를 뜬다.

2. 세길 긴뜨기 1코, 사슬 1코, 두길 긴뜨기 1코, 사슬 1코, 세길 긴뜨기 1코, 두길 긴뜨기 1코, 사슬 3코, 빼뜨기 1코를 뜬다.

3. 진행 방향으로 빼뜨기 3코를 뜬다.

4. ①~③을 반복해 꽃잎 5장을 뜬다.

꽃
꽃잎 2

1. 사슬 1코를 뜬다.

2. 편물을 뒤집는다. 꽃잎 중앙 아래의 꽃받침 기둥코에 빼뜨기를 뜬다.

3. 사슬 3코를 뜬다.

4. 3코를 건너뛰고 4번째 기둥코에 빼뜨기를 뜬다. 사슬줄 1이 만들어진다.

5. ③~④를 반복해 사슬줄 5개를 만든다. 마지막 빼뜨기는 ②에 뜬다.

6. 다음 사슬줄에 빼뜨기를 뜬다.

7. '꽃잎 1'의 ①~②를 사슬줄에 뜬다. 이때 모든 코를 같은 사슬줄에 떠서 꽃잎 1장을 만든다.

8. ⑥~⑦을 반복해 꽃잎 5장을 뜬다.

꽃
꽃잎 3

1. 사슬 1코를 뜬다.

2. 편물을 뒤집는다. 꽃받침 안쪽 꽃잎 작은 땀이 걸린 코 뒤의 기둥코에 빼뜨기를 뜬다.

3. 사슬 3코를 뜨고 같은 기둥코에 한길 긴뜨기 3코를 뜬다.

4. **2단** 사슬 2코를 뜨고 편물을 뒤집는다. 같은 코에 한길 긴뜨기 1코를 뜬다.

5. 두길 긴뜨기 1코, 사슬 1코, 한길 긴뜨기 1코, 사슬 1코, 두길 긴뜨기 1코-한길 긴뜨기 1코, 사슬 2코, 빼뜨기 1코를 뜬다.

6. 사슬 2코를 뜨고 꽃잎의 기둥코(③의 시작코)에 빼뜨기를 뜬다.

7. 사슬 3코를 뜬다. 편물을 오른쪽으로 돌려 진행 방향으로 3코를 건너뛰고 4번째 기둥코에 빼뜨기를 뜬다.

8. ③~⑦을 반복해 꽃잎 5장을 뜬다.

9. 실을 잘라 매듭짓고 마무리한다. 꽃잎 완성. 같은 방법으로 10~12송이를 만든다.

10. 꽃잎 끝에 풀을 먹여서 말린다.

꽃봉오리
꽃봉오리 1

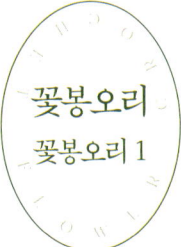

1. 꽃받침 실로 매직링을 만들고 사슬 2코를 뜬다.
2. 매직링에 한길 긴뜨기 8코, 사슬 2코를 뜬다.
3. 매직링에 빼뜨기를 뜬다.

4. 꼬리실을 당겨서 편물을 조인다. 실을 잘라 매듭짓는다.
5. 남은 실을 편물 앞쪽으로 가져와 자른다.
6. 꽃봉오리 1 완성. 같은 방법으로 3개를 뜬다.

꽃봉오리
꽃봉오리 2

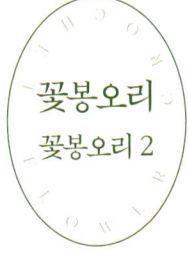

1. '꽃봉오리 1'을 뜬다. 시작코에서 3번째 사슬에 바늘을 넣고 꽃봉오리 실로 사슬 1코를 뜬다.
2. 긴뜨기 1코 - 한길 긴뜨기 4코 - 긴뜨기 1코 - 사슬 1코, 빼뜨기 1코를 뜬다. 실을 잘라 매듭짓고 마무리한다.
3. 꽃봉오리 2 완성. 꽃봉오리 2는 꽃 개수(10~12개)만큼 뜬다. 줄기에 연결할 여분 2~3개를 더 떠서 준비한다.

꽃봉오리 연결하기

1
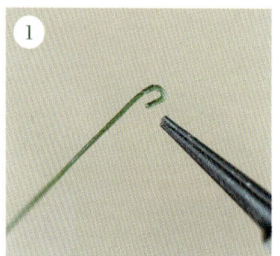

집게로 꽃철사 23호를 0.5cm 정도 구부린다. (꽃 1송이만 단독으로 연결할 때는 꽃철사 18호나 조화 줄기를 사용한다.)

2

글루건으로 꽃봉오리 2의 중앙에 접착제를 바르고 철사를 붙인다.

3

꽃봉오리 2에 접착제를 조금씩 바르며 철사를 감싸 고정한다.

4

철사가 보이지 않게 잘 감싼 모습.

5

같은 방법으로 꽃봉오리 1, 2를 모두 붙인다.

6

완성한 꽃잎에 ⑤의 꽃봉오리 2를 꽂는다.

7

꽃받침 안쪽에 접착제를 발라 꽃봉오리에 고정한다.

8

꽃 완성.

줄기에 연결하기

1. 꽃철사 23호에 꽃테이프를 고정한 뒤 사선 방향으로 감기 시작한다.

2. 꽃봉오리 1, 2는 좁은 간격으로 5~6개 정도 연결한다.

3. 줄기가 비어 보이지 않도록 간격을 보며 꽃을 1송이씩 연결한다. 이때 꽃의 철사가 1.5~2cm 정도 보이도록 한다.

4. 꽃의 철사를 구부려 자연스러운 모양을 만든다.

5. 꽃 10~12송이를 연결하고 테이프를 철사 끝까지 감아준다.

6. 철사를 구부려 자연스러운 모양을 만든다. 스토크 완성.
TIP 화이트 옥시페탈룸 잎(114p 참고.)을 1~2장 떠서 연결해도 좋다.

Sweet Scabious

솔체꽃이라고도 불리는 스카비오사는 화려하면서도 우아한 매력이 있는 꽃입니다.
프릴 느낌의 꽃잎과 구슬 같은 꽃봉오리까지 디테일을 살려 생화 느낌이 나도록 떠보았습니다.
스카비오사는 아이보리색과 연보라색이 제일 유명하지만 분홍색, 하늘색 등 취향에 맞는 색으로 만들어도 좋아요.

스카비오사

INFORMATION

재료

꽃받침: 타조실 30수 올리브색 1g
꽃잎: 타조실 30수 아이보리색 / 보라색 / 연보라색 3g
꽃망울: 클리아실 5800(바질색) / p9462(라임) 2g
꽃술: 클리아실 1074(바나나크림색) /
실크인견사 803(피치베이비) 1g
꽃씨: 타조실 30수 연노랑 / 실크인견사 853(꽃분홍) 1g
2mm 꽃철사 35cm
스티로폼 공 20mm

도구

1.5mm 코바늘
가위, 집게, 펜치, 글루건, 순간접착제, 풀풀, 둘, 붓

완성 사이즈 — 약 7cm × 7cm

22

꽃 꽃받침

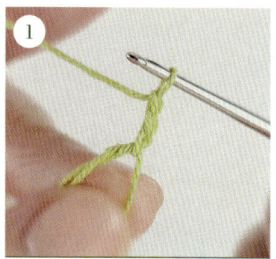

꽃받침 실로 매직링을 만들고 사슬 3코를 뜬다.

매직링에 한길 긴뜨기 11코를 뜬다. 꼬리실을 당겨서 편물을 조인다. 첫 한길 긴뜨기 코에 빼뜨기를 뜬다.

2단 사슬 3코, 한길 긴뜨기 1코-한길 긴뜨기 1코를 뜬다.

[한길 긴 2코 늘려뜨기 1코-한길 긴뜨기 1코] 4번-한길 긴 2코 늘려뜨기 1코를 뜬다. 첫 한길 긴뜨기 코에 바늘을 넣고 꽃잎 실을 걸어 빼뜨기를 뜬다.

3단 사슬 1코, 짧은뜨기 1코-짧은뜨기 15코를 뜬다. 첫 짧은뜨기 코에 빼뜨기를 뜬다.

꽃 꽃잎 1

사슬 3코, 한길 긴 4코 늘려뜨기 1코를 뜬다.

2단 사슬 3코를 뜨고 편물을 뒤집는다. 같은 코에 한길 긴뜨기 1코를 뜬다.

한길 긴뜨기 3코를 뜬다.

3단 사슬 1코를 뜨고 편물을 뒤집는다. 같은 코에 긴뜨기 1코, 한길 긴뜨기 1코를 뜬다.

[두길 긴뜨기 1코, 사슬 1코, 한길 긴뜨기 1코, 사슬 1코, 두길 긴뜨기 1코] 2코-한길 긴뜨기 1코, 긴뜨기 1코, 사슬 1코, 빼뜨기 1코를 뜬다.

사슬 2코를 뜨고 1단의 한길 긴뜨기 옆코에 빼뜨기를 뜬다.(21p 참고.)

사슬 2코를 뜨고 1단의 기둥코에 빼뜨기를 뜬다.

진행 방향으로 빼뜨기 2코를 뜬다.

사슬 3코를 뜬다.

편물을 뒤집는다. 아래의 짧은뜨기 기둥코(⑨의 동그라미)에 한길 긴 4코 늘려뜨기 1코를 뜬다.

②~⑤를 반복한다.

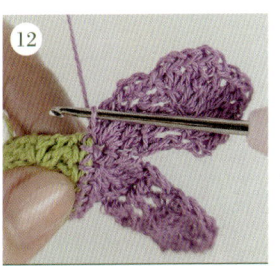

사슬 2코를 뜬다. 1단의 한길 긴뜨기 옆코에 빼뜨기를 뜬다.(21p 참고.) 사슬 2코를 뜨고 1단의 기둥코에 빼뜨기를 뜬다.

사슬 1코-빼뜨기 2코를 뜬다.

①~⑬을 반복해 꽃잎 8장을 뜬다. 마지막 빼뜨기는 시작코에 뜬다.

꽃
꽃잎 2

스티로폼 공을 꽃받침에 넣는다. 사슬 3코를 뜬다. 꽃잎 2장을 건너뛰고 꽃잎 사이 빼뜨기 코에 빼뜨기를 뜬다. 사슬줄 1이 만들어진다.

①을 반복해 사슬줄 4개를 만든다. 마지막 빼뜨기는 시작코에 뜬다.

사슬줄 1에 빼뜨기를 뜬다.

'꽃잎 1'의 ①~⑦을 반복한다. 이때 모든 코를 같은 사슬줄에 떠서 꽃잎 1장을 만든다.

'꽃잎 2'의 ③~④를 반복해 꽃잎 4장을 뜬다.

꽃
꽃잎 3

1. 사슬 4코를 뜬다.

2. 같은 코에 두길 긴 3코 늘려뜨기 1코를 뜬다.

3. **2단** 사슬 2코를 뜨고 편물을 뒤집는다. 같은 코에 긴뜨기 1코, 한길 긴뜨기 1코를 뜬다.

4. 두길 긴뜨기 1코, 사슬 1코, 한길 긴뜨기 1코, 사슬 1코, 두길 긴뜨기 1코 - 한길 긴뜨기 1코, 긴뜨기 1코, 사슬 2코, 빼뜨기 1코를 뜬다.

5. 사슬 3코를 뜨고 1단의 시작코에 빼뜨기를 뜬다. 사슬 2코를 뜬다.

6. 편물을 왼쪽으로 뒤집는다. 작은 꽃잎, 큰 꽃잎을 건너뛰고 꽃잎 사이 빼뜨기 코에 빼뜨기를 뜬다.

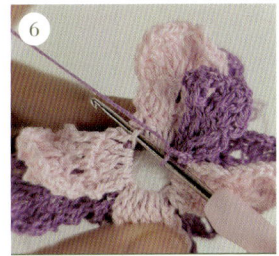

7. ①~⑥를 반복해 꽃잎 4장을 뜬다.

8. 실을 잘라 매듭짓고 마무리한다. 꽃 완성.

9. 꽃잎 끝에 풀을 약하게 먹여서 말린다.

꽃망울

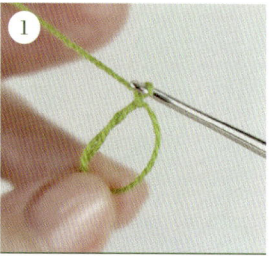

1. 꽃망울 실로 매직링을 만들고 사슬 1코를 뜬다.
2. 매직링에 짧은뜨기 10코를 뜬다. 꼬리실을 당겨서 편물을 조인다. 첫 짧은뜨기 코에 빼뜨기를 뜬다.
3. 사슬 3코를 뜬다.

4. 같은 코에 한길 긴 3코 모아뜨기를 뜬다.
5. 같은 코에 빼뜨기를 뜬다. 구슬 1개 완성.

6. 진행 방향으로 빼뜨기 2코를 뜬다.
7. ③~⑥을 반복해 구슬 5개를 만든다.
8. 사슬 4코를 뜬다.
9. 구슬 1개를 건너뛰고 구슬 사이에 빼뜨기를 뜬다. 사슬줄 1이 만들어진다.

⑧~⑨를 반복해 사슬줄 5개를 만든다.

다음 사슬줄에 빼뜨기를 뜬다.

사슬줄에 ③~⑤를 반복해 구슬 2개를 만든다.

⑪~⑫를 4번 반복해 구슬 10개를 만든다.

사슬 4코를 뜬다. 구슬 2개를 건너뛰고 구슬 사이에 빼뜨기를 뜬다. 사슬줄 1이 만들어진다.

⑭를 반복해 사슬줄 5개를 만든다. 마지막 빼뜨기는 사슬줄 1에 뜬다. 실을 잘라 매듭짓고 마무리한다.

꽃망울 꽃술

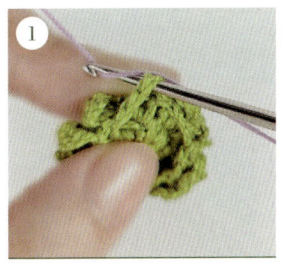
사슬줄에 바늘을 넣고 꽃술 실을 걸어온다.

사슬 3코를 뜬다.

같은 사슬줄에 한길 긴뜨기 1코, 사슬 3코, 빼뜨기 1코를 뜬다.

같은 사슬줄에 사슬 4코, 두길 긴뜨기 1코, 사슬 4코, 빼뜨기 1코를 뜬다.

같은 사슬줄에 사슬 3코, 한길 긴뜨기 1코, 사슬 3코, 빼뜨기 1코를 뜬다.

다음 사슬줄에 빼뜨기를 뜬다.

②~⑥을 4번 더 반복한다.

실을 잘라 매듭짓고 마무리한다.

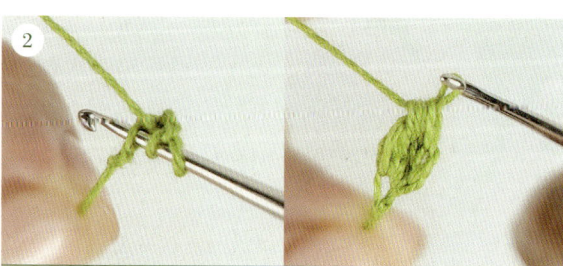

꽃망울 실로 사슬 3코를 뜬다.

첫 사슬에 한길 긴 3코 모아뜨기를 뜬다.

③ 같은 코에 빼뜨기를 한다.

④ 실을 5cm 정도 남기고 자른다. 매듭짓고 실을 남겨둔다.

⑤ 꽃망울 중앙에 구슬을 넣고 뒷면에서 매듭짓고 실을 자른다.

⑥ 꽃망울 완성.

꽃씨

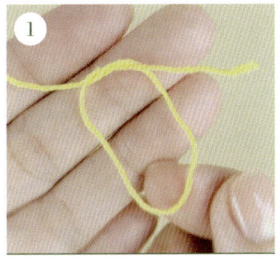

① 꽃씨 실을 10cm 잘라서 매듭을 짓듯이 감아준다.

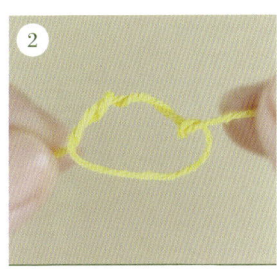

② 실을 4~5번 더 감아준다.

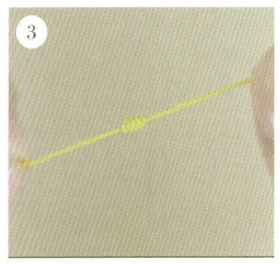

③ 실을 양쪽으로 당겨서 매듭을 만든다.

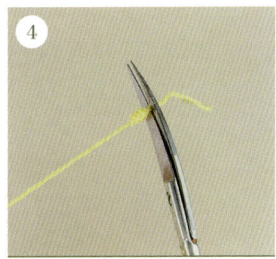

④ 실 한쪽을 자른다.

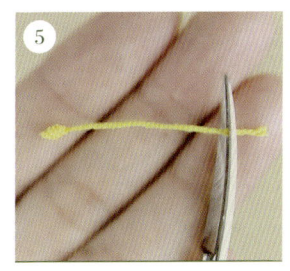

⑤ 반대쪽 실을 2.5cm 정도 남기고 자른다. 꽃씨 완성.

⑥ 같은 방법으로 꽃씨 8~10개를 만든다.

꽃씨 연결하기

   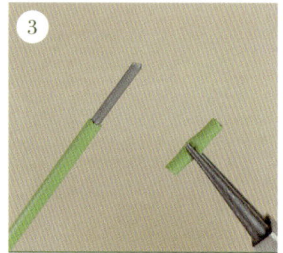

1. 완성한 꽃망울의 뒷면에 사진처럼 꽃씨를 둥글게 올린다. 이때 꽃망울 밖으로 꽃씨가 살짝 나오도록 한다.

2. 글루건으로 꽃씨 위에 접착제를 바르고 굳을 때까지 기다린다.

3. 꽃철사 1cm 정도 위치에 가위집을 내 고무를 뺀다.

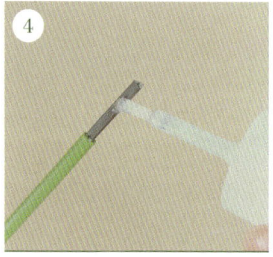  

4. 철사 윗부분에 순간접착제를 바른다.

5. 완성한 꽃을 철사에 꽂는다.

6. 꽃과 철사의 연결 부위에 순간접착제를 발라 고정한다.

7. 꽃망울 뒷면에 접착제를 바른다.

8. ⑥에 ⑦을 붙인다.

9. 철사를 구부려 자연스러운 모양을 만든다. 스카비오사 완성.

Sweet Scabious

Rose

꽃의 여왕이라 불리는 장미에는 수많은 종류가 있지만 꽃잎이 풍성한 들장미를 생각하며 떠보았어요.
꽃의 아랫부분과 윗부분을 다르게 연출해서 지루하지 않게 완성할 수 있습니다.
장미 하면 떠오르는 빨강색도 좋지만 하얀색, 분홍색, 노란색 등 취향대로 색을 골라 떠보세요.

장미

INFORMATION

재료

꽃받침: 타조실 20수 올리브색 1g
꽃잎: 타조실 40수 빨간색 / 실크인견사 802(아이보리) 5g
잎: 실크인견사 858(진초록색) / 834(메란지 그린블랙) 1g
줄기: 꽃철사 18호 / 20mm 30cm
잎 연결 줄기: 꽃철사 27호 10cm 2~3개
초록색 꽃테이프, 스티로폼 공 15mm

도구

1.5mm 코바늘
가위, 니퍼, 글루건, 순간접착제, 물풀, 물, 붓

완성 사이즈 — 꽃: 약 7cm × 7cm / 잎: 약 3cm × 6cm

꽃
꽃받침

 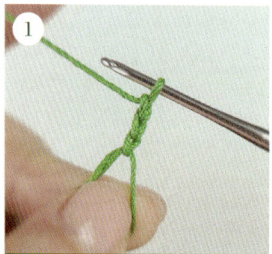 

꽃받침 실로 매직링을 만들고 사슬 3코를 뜬다.

매직링에 한길 긴뜨기 9코를 뜬다. 꼬리실을 당겨서 편물을 조인다. 첫 한길 긴뜨기 코에 빼뜨기를 뜬다.

2단 사슬 3코, 한길 긴뜨기 1코-한길 긴뜨기 8코를 뜬다.

첫 한길 긴뜨기 코에 바늘을 넣고 꽃잎 실을 걸어 빼뜨기를 뜬다.

꽃
꽃 1

사슬 3코를 뜨고 같은 코에 한길 긴 3코 늘려뜨기 1코를 뜬다. 이때 꽃잎 꼬리실과 남긴 꽃받침 실을 실 사이로 숨기며 뜬다.

한길 긴 3코 늘려뜨기를 1코 뜬다.

2단 사슬 3코를 뜨고 편물을 뒤집는다. 같은 코에 한길 긴뜨기 1코를 뜬다.

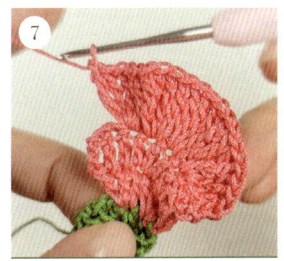

[한길 긴뜨기 1코 - 한길 긴 2코 늘려뜨기 1코] 2번 - 한길 긴뜨기 1코를 뜬다.

3단 사슬 1코를 뜨고 편물을 뒤집는다.

다음 코에 긴뜨기 1코, 한길 긴뜨기 1코를 뜬다.

두길 긴 5코 늘려뜨기 4코를 뜬다.

한길 긴뜨기 1코, 긴뜨기 1코를 뜬다.

사슬 1코를 뜨고 마지막 코에 빼뜨기를 뜬다.

사슬 2코를 뜬다.

1단의 한길 긴뜨기 옆코에 빼뜨기를 뜬다. (21p 참고.)

사슬 2코를 뜬다.

1단의 기둥코에 빼뜨기를 뜬다.

사슬 2코를 뜬다.

꽃잎을 아래를 향해 돌리고 꽃잎 1단 중앙에 빼뜨기를 뜬다. 사슬줄이 만들어진다.

16 사슬 3코를 뜬다.

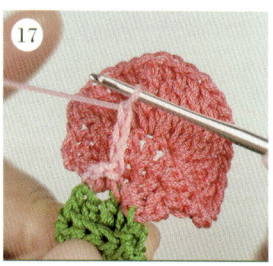
17 꽃잎이 위로 가게 편물을 오른쪽으로 180도 돌린다.

18 사슬줄에 한길 긴 3코 늘려뜨기를 1코 뜬다.

19 진행 방향으로 한길 긴 3코 늘려뜨기 1코 뜬다.

20 ③~⑬을 반복해 꽃잎 1장을 더 뜬다.

21 빼뜨기 1코를 뜬다.

22 ①~㉒를 2번 반복해 꽃잎 6장을 만든다. 마지막 빼뜨기는 시작코에 뜬다.

꽃 2

1 사슬 3코-꽃잎 2의 시작코에 빼뜨기를 뜬다. 사슬 3코-꽃잎 4의 시작코에 빼뜨기를 뜬다. 사슬 3코-꽃잎 5의 시작코에 빼뜨기를 뜬다. 사슬 3코-사슬줄 1에 빼뜨기를 뜬다. 사슬줄 4개를 만든다.

2 '꽃잎 1'의 ①~⑬을 반복해 사슬줄에 꽃잎 1장을 뜬다. 이때 모든 코를 같은 사슬줄에 떠서 꽃잎 1장을 만든다.

다음 사슬줄에 빼뜨기를 뜬다.

②~③을 3번 반복해 꽃잎 4장을 만든다. 마지막 빼뜨기는 뜨지 않는다.

꽃 꽃3

사슬 2코를 뜨고 다음 꽃잎 4번째 한길 긴뜨기 기둥코에 빼뜨기를 뜬다.

[사슬 3코-다음 꽃잎의 4번째 한길 긴뜨기 기둥코에 빼뜨기 1코] 3번-사슬 3코-첫 사슬줄에 빼뜨기를 뜬다. 사슬줄 4개를 만든다.

사슬 4코를 뜬다.

같은 사슬줄에 두길 긴뜨기 5코를 뜬다.

2단 사슬 3코를 뜨고 편물을 뒤집는다.

한길 긴 5코 늘려뜨기 3코-사슬 3코-마지막 코에 빼뜨기 1코를 뜬다.

사슬 3코를 뜨고 같은 사슬줄에 빼뜨기를 뜬다.

사슬 4코를 뜨고 다음 사슬줄에 빼뜨기를 뜬다.

③~⑧을 2번 반복해 꽃잎 2장을 더 뜬다. ③~⑦을 반복해 마지막 꽃잎을 뜬다. 실을 잘라 매듭짓고 마무리한다.

스티로폼 공을 꽃받침에 넣는다.

꽃
꽃잎

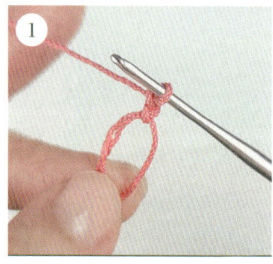

꽃잎 실로 매직링을 만들고 사슬 3코를 뜬다.

매직링에 한길 긴뜨기 9코를 뜬다.

꼬리실을 당겨 편물을 조인다. 사슬 1코를 뜨고 편물을 뒤집는다.

긴뜨기 1코, 한길 긴뜨기 1코-두길 긴 2코 늘려뜨기 5코-한길 긴뜨기 1코, 긴뜨기 1코-사슬 1코를 뜬다.

마지막 코에 빼뜨기 1코-사슬 2코를 뜬다.

매직링에 빼뜨기를 뜬다.

실을 잘라 매듭짓고 마무리한다.

같은 방법으로 꽃잎 7장을 뜬다.

잎

레몬잎 '잎' ①~⑧(200p 참고.)과 동일하게 진행한다. [사슬 1코-빼뜨기 1코]를 반복해 1바퀴를 뜬다. 실을 잘라 매듭짓고 마무리한다.

같은 방법으로 잎 2~3장을 뜬다.

잎과 꽃잎 끝에 풀을 먹여서 말린다.

꽃봉오리

1. 글루건으로 완성한 꽃잎 1장의 뒷면 1단에 접착제를 바른다.

2. 꽃잎을 겹쳐서 붙인다.

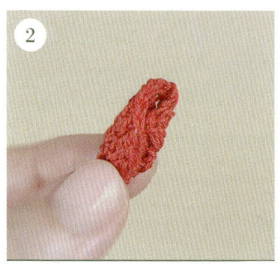

3. 다른 꽃잎 1장의 뒷면 1단에 접착제를 바른다. ②의 겹쳐지는 부분을 감싸며 붙인다.

4. 나머지 꽃잎의 뒷면 1단에 접착제를 발라 꽃잎 끝이 겹쳐지도록 1장씩 붙인다.

TIP 글루건 대신 돗바늘로 꿰매어 연결해도 좋다.

5. 꽃잎 6~7장을 모두 붙인다. 전체적인 모양을 보고 꽃잎 1~2장을 더 붙여도 좋다.

연결하기

1. 꽃철사 18호 윗부분 3cm 정도 비우고 꽃테이프를 고정한 뒤 사선 방향으로 감기 시작한다. (2mm 철사를 사용할 경우, 3cm 위치에 가위집을 내 고무를 뺀다.)

2. 4~5cm 정도 위치에 잎을 연결한다.

3. 1~2cm 간격으로 잎 2~3장을 연결한다. 테이프를 철사 끝까지 감아준다.

4. 철사에 꽃을 꽂는다. 철사 윗부분 0.5cm 정도를 남기고 자른다. 집게로 철사를 구부려 고정한다.

5. 꽃과 철사 연결 부위에 순간접착제를 발라 고정한다.

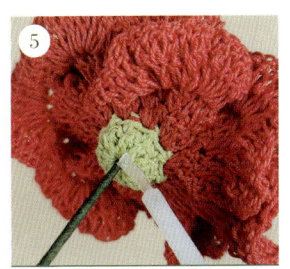

6. 스티로폼 공 주위에 접착제를 바르고 꽃봉오리를 붙인다. 아래의 꽃잎이 꽃봉오리를 감쌀 수 있도록 꾹 눌러서 고정한다. 꽃봉오리의 꽃잎을 살짝 펴서 자연스러운 모양을 만든다.

7. 들뜨는 부분에 접착제를 발라 고정한다.

8. 철사를 구부려 자연스러운 모양을 만든다. 장미 완성.

Salal

이름처럼 청량감이 느껴지는 레몬 잎은 여러 꽃들과 잘 어울립니다.
기본 잎사귀 모양이라 녹색 계열 실들로 떠두면
각 꽃의 색에 따라 골라 사용할 수 있어 활용도가 매우 높아요.
레몬 잎을 이용해 싱그러움이 느껴지는 꽃다발을 만들어보세요.

레몬 잎

INFORMATION

재료
잎: 오메가실 156(잔디색),
줄기: 꽃철사 18호 30cm
잎 연결 줄기: 꽃철사 27호 15cm 4~6개

도구
1.75mm 코바늘
가위, 니퍼, 순간접착제

완성 사이즈 — 약 3.5cm × 8cm

24

HOW TO MAKE

199

잎

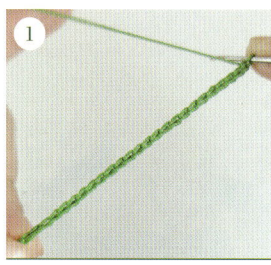

1. 잎 실로 사슬 25코를 뜬다.

2. 빼뜨기 1코-짧은뜨기 1코-긴뜨기 1코-한길 긴뜨기 5코를 뜬다.

3. 두길 긴뜨기 5코-세길 긴뜨기 5코-두길 긴뜨기 3코-한길 긴뜨기 1코-긴뜨기 1코-짧은뜨기 1코를 뜬다.

4. 4번째 사슬에 꽃철사 27호를 넣고 접어서 꼬아준다.

5. 실과 바늘 사이에 철사를 넣고 사슬 1코를 뜬다. 이때 뜨기 편하도록 철사를 구부려준다.

6. 잎이 대칭이 되도록 뜬다. 짧은뜨기 1코-긴뜨기 1코-한길 긴뜨기 1코를 뜬다.

7. 두길 긴뜨기 3코-세길 긴뜨기 5코-두길 긴뜨기 5코-한길 긴뜨기 5코를 뜬다.

8. 긴뜨기 1코-짧은뜨기 1코-빼뜨기 1코-사슬 1코를 뜬다.

마지막 코까지 빼뜨기를 뜬다.(24코) 구부려둔 철사를 다시 편다.

실을 잘라 편물의 뒷면에서 매듭짓고 마무리한다.

같은 방법으로 잎 4~6장을 만든다.

잎 연결하기

꽃철사 23호와 잎을 나란히 잡고 꽃테이프를 사선 방향으로 감기 시작한다.

2~3cm 간격으로 잎을 1장씩 연결한다. 이때 잎의 철사가 1~2cm 정도 보이도록 한다.

잎 4~6장을 연결한다.

철사를 구부려 자연스러운 모양을 만든다. 레몬잎 완성.

25

Butcher's-broom

루스커스는 싱그러움을 오래 유지해 플랜테리어에 많이 사용되는 식물입니다.
광택이 있는 실로 뜨면 루스커스의 생기 있는 모습을 잘 표현할 수 있어요.
단독으로 사용할 때는 줄기당 잎 6~7장으로 풍성하게,
꽃다발에 사용할 때는 줄기의 아랫부분은 비우고 잎 3~4장 정도를 연결하면 좋습니다.

루스커스

INFORMATION

재료

잎: 앤실 5800(바질색) / 오메가실 156(잔디색) /
150(라임색) 3g
줄기: 꽃철사 23호 / 18호
잎 연결 줄기: 꽃철사 27호 10cm 10~12개
연두색 꽃테이프

도구

1.75mm 코바늘
가위, 니퍼, 순간접착제, 물풀, 물, 붓

완성 사이즈 — 잎 1: 약 2cm × 4cm / 잎 2: 약 2cm × 4.5cm

잎 1

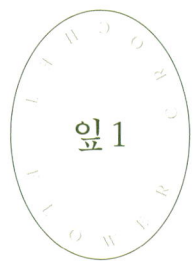

1. 잎 실로 사슬 13코를 뜬다.

2. 빼뜨기 1코-짧은뜨기 2코-긴뜨기 2코를 뜬다.

3. 한길 긴뜨기 5코-긴뜨기 1코-짧은뜨기 1코를 뜬다.

4. 3번째 사슬에 꽃철사 27호를 넣고 접어서 꼬아준다.

5. 실과 바늘 사이에 철사를 넣고 사슬 1코를 뜬다. 이때 뜨기 편하도록 철사를 구부려준다.

6. 잎이 대칭이 되도록 뜬다.
짧은뜨기 1코-긴뜨기 1코-한길 긴뜨기 5코-긴뜨기 2코-짧은뜨기 2코-빼뜨기 1코를 뜬다.
구부려둔 철사를 다시 편다.

7. 실을 잘라 편물의 뒷면에서 매듭짓고 마무리한다.
같은 방법으로 잎 4~6장을 만든다.

잎 2

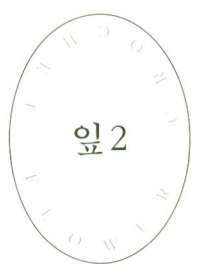   

1. 잎 실로 사슬 15코를 뜬다.

2. 빼뜨기 1코 - 짧은뜨기 2코 - 긴뜨기 2코를 뜬다.

3. 한길 긴뜨기 7코 - 긴뜨기 1코 - 짧은뜨기 1코를 뜬다.

4. 3번째 사슬에 꽃철사 27호를 넣고 접어서 꼬아준다.

5. 실과 바늘 사이에 철사를 넣고 사슬 1코를 뜬다. 이때 뜨기 편하도록 철사를 구부려준다.

6. 잎이 대칭이 되도록 뜬다.
짧은뜨기 1코 - 긴뜨기 1코 - 한길 긴뜨기 7코 - 긴뜨기 2코 - 짧은뜨기 2코 - 빼뜨기 1코를 뜬다.
구부려둔 철사를 다시 편다.

7. 실을 잘라 편물의 뒷면에서 매듭짓고 마무리한다. 같은 방법으로 잎 6장을 만든다.

8. 잎 1, 2 모두 풀을 먹여서 말린다.

연결하기

1. 꽃철사 23호에 꽃테이프를 고정한 뒤 사선 방향으로 감기 시작한다.

2. 1cm 간격으로 잎 1을 1장씩 연결한다. 이때 잎의 철사가 1cm 정도 보이도록 한다. 이어서 1.5~2cm 간격으로 잎 2를 1장씩 연결한다. 이때 잎의 철사가 1.5~2cm 정도 보이도록 한다.

3. 잎 앞면이 위를 향하도록 철사를 만져주고 잎을 편다.

4. 철사를 구부려 자연스러운 모양을 만든다. 루스커스 완성.

Butcher's-broom

eucalyptus blackjack

유칼립투스 중 가장 많은 사랑을 받고 있는 유칼립투스 블랙잭입니다.
단독으로 사용해도 예쁘고 다양한 꽃과도 자연스럽게 어울려 활용도가 높지요.
1~2줄기만 꽂거나, 여러 줄기를 만들어 드라이 플라워처럼 장식하면 훌륭한 인테리어 소품이 됩니다.

유칼립투스 블랙잭

INFORMATION

재료
잎: 앤실 5398(딥그린) 5g
갈색 꽃철사 23호 / 꽃철사 23호

도구
1.75mm 코바늘
가위, 니퍼, 순간접착제, 글루건, 물풀, 물, 붓

완성 사이즈 — 잎 1: 약 1cm / 잎 2: 약 1.5cm / 잎 3: 약 2cm / 잎 4: 약 2.5cm

26

잎 1

1. 잎 실로 매직링을 만들고 사슬 2코를 뜬다.
2. 매직링에 긴뜨기 1코, 한길 긴뜨기 1코, 두길 긴뜨기 1코, 한길 긴뜨기 1코, 긴뜨기 1코, 사슬 2코를 뜬다.
3. 매직링에 빼뜨기를 뜬다. 실을 자른다.

4. 꼬리실을 당겨서 편물을 조인다. 매듭이 풀리지 않게 세게 한 번 묶는다.
5. 실을 깔끔하게 자르고 순간접착제로 고정한다. (많이 바르면 철사를 꽂기 어려우니 살짝만 바른다.)
6. 같은 방법으로 잎 1을 3장 만든다.

잎 2

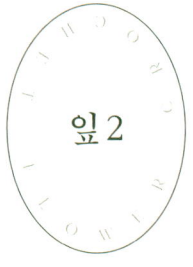

1. 잎 실로 매직링을 만들고 사슬 2코를 뜬다.
2. 매직링에 긴뜨기 1코, 한길 긴뜨기 1코, 두길 긴뜨기 1코, 세길 긴뜨기 1코, 두길 긴뜨기 1코, 한길 긴뜨기 1코, 긴뜨기 1코, 사슬 2코를 뜬다.
3. 매직링에 빼뜨기를 뜬다. 실을 자른다.

4

꼬리실을 당겨서 편물을 조인다. 매듭이 풀리지 않게 세게 한 번 묶는다.

5

실을 깔끔하게 자르고 순간접착제로 고정한다. (많이 바르면 철사를 꽂기 어려우니 살짝만 바른다.)

6

같은 방법으로 잎 2를 3장 만든다.

잎 3

1

잎 실로 매직링을 만들고 사슬 2코를 뜬다.

2

매직링에 긴뜨기 1코, 한길 긴뜨기 1코, 두길 긴뜨기 3코, 세길 긴뜨기 1코, 두길 긴뜨기 3코, 한길 긴뜨기 1코, 긴뜨기 1코, 사슬 2코를 뜬다.

3

실을 자르고 꼬리실을 당겨서 편물을 조인다. 매듭이 풀리지 않게 세게 한 번 묶는다.

4

실을 깔끔하게 자르고 순간접착제를 바른다. (많이 바르면 철사를 꽂기 어려우니 살짝만 바른다.)

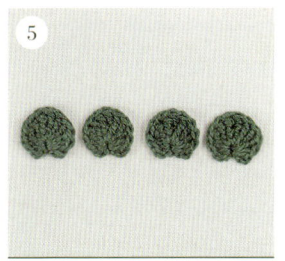

5

같은 방법으로 잎 3을 4장 만든다.

잎 4

1. 잎 실로 매직링을 만들고 사슬 2코를 뜬다.

2. 매직링에 긴뜨기 1코, 한길 긴뜨기 1코, 두길 긴뜨기 3코, 세길 긴뜨기 3코, 두길 긴뜨기 3코, 한길 긴뜨기 1코, 긴뜨기 1코, 사슬 2코를 뜬다.

3. 매직링에 빼뜨기를 뜬다. 실을 자르고 꼬리실을 당겨서 편물을 조인다. 매듭이 풀리지 않게 세게 한 번 묶는다.

4. 실을 깔끔하게 자르고 순간접착제로 고정한다.(많이 바르면 철사를 꽂기 어려우니 살짝만 바른다.)

5. 같은 방법으로 잎 4를 4장 만든다.

6. 잎 끝에 풀을 먹여서 말린다.

잎 연결하기

1. 꽃철사에 잎 1을 1장 꽂고 글루건으로 접착제를 바른다.

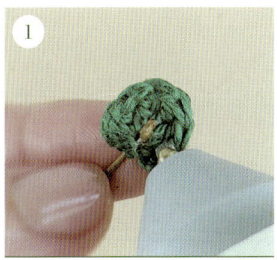

2. 잎을 접어서 고정한다.

3. 1cm 정도 아래 철사에 순간접착제를 바른다.

4. 순간접착제를 바른 위치에 잎 1을 꽂아 고정한다.

5. 연결 부위에 순간접착제를 발라 잎이 돌아가지 않도록 고정한다.

6. 같은 방법으로 잎 1, 2, 3, 4를 순서대로 철사에 고정한다. 잎 방향은 줄기 모양을 보면서 자유롭게 붙인다.

7. 고정이 잘 되지 않는 잎은 접착제를 살짝 발라 고정한다.

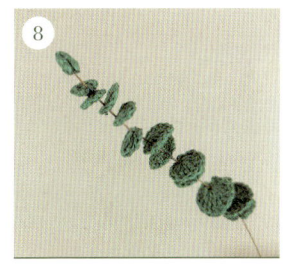

8. 철사를 구부려 자연스러운 모양을 만든다. 유칼립투스 블랙잭 완성.

27

eucalyptus polian

둥글납작한 잎사귀가 매력적인 유칼립투스 폴리안은 블랙잭과 더불어 인기가 많은 유칼립투스입니다.
꽃다발에 사용해도 예쁘지만 리스나 가랜드를 만들면 단독으로도 예쁘게 활용할 수 있습니다.

유칼립투스 폴리안

INFORMATION

재료

잎: 오메가실 134(파스텔민트색) / 앤실 5398(딥그린색) 3g
줄기: 꽃철사 23호 30cm
잎 연결 줄기: 갈색 꽃철사 27호 10cm 12개
갈색 꽃테이프

도구

1.75mm 코바늘
가위, 니퍼, 순간접착제, 물풀, 물, 붓

완성 사이즈 — 잎 1: 약 2.5cm × 3cm / 잎 2: 약 3cm × 3.5cm / 잎 3: 약 4cm × 4.5cm

잎 1

 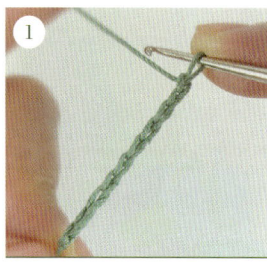  

1. 잎 실로 사슬 10코를 뜬다.
2. ①의 8번째 사슬에 긴뜨기 1코를 뜬다.
3. 한길 긴뜨기 1코-두길 긴뜨기 1코-세길 긴뜨기 2코-두길 긴뜨기 1코-한길 긴뜨기 1코-짧은뜨기 1코를 뜬다.

4. 3번째 사슬에 꽃철사 27호를 넣고 접어서 꼬아준다.
5. 실과 바늘 사이에 철사를 넣고 사슬 1코를 뜬다. 이때 뜨기 편하도록 철사를 구부려준다.

6. 잎이 대칭이 되도록 뜬다. 짧은뜨기 1코-한길 긴뜨기 1코-두길 긴뜨기 1코-세길 긴뜨기 2코-두길 긴뜨기 1코-한길 긴뜨기 1코를 뜬다.
7. 긴뜨기 1코, 사슬 1코, 빼뜨기 1코를 뜬다. 구부려둔 철사를 다시 편다.
8. 실을 잘라 편물 뒷면에서 매듭짓고 마무리한다.
9. 같은 방법으로 잎 1을 5장 만든다.

잎 2

① 잎 실로 사슬 12코를 뜬다.

② ①의 10번째 사슬에 긴뜨기 1코-한길 긴뜨기 1코-두길 긴뜨기 1코-세길 긴뜨기 4코-두길 긴뜨기 1코-한길 긴뜨기 1코-짧은뜨기 1코를 뜬다.

③ '잎 1'의 ④~⑤를 반복한다. 잎이 대칭이 되도록 뜬다. 짧은뜨기 1코-한길 긴뜨기 1코-두길 긴뜨기 1코-세길 긴뜨기 4코-두길 긴뜨기 1코-한길 긴뜨기 1코를 뜬다.

④ 긴뜨기 1코, 사슬 1코, 빼뜨기 1코를 뜬다. 구부려둔 철사를 다시 편다.

⑤ 실을 잘라 편물 뒷면에서 매듭짓고 마무리한다.

⑥ 같은 방법으로 잎 2를 4장 만든다.

잎 3

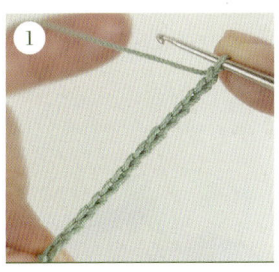

① 잎 실로 사슬 15코를 뜬다.

② ①의 13번째 사슬에 긴뜨기 1코-한길 긴뜨기 1코-두길 긴뜨기 1코-세길 긴뜨기 7코-두길 긴뜨기 1코-한길 긴뜨기 1코-짧은뜨기 1코를 뜬다.

③ '잎 1'의 ④~⑤를 반복한다. 잎이 대칭이 되도록 뜬다. 짧은뜨기 1코-한길 긴뜨기 1코-두길 긴뜨기 1코-세길 긴뜨기 7코-두길 긴뜨기 1코-한길 긴뜨기 1코를 뜬다.

긴뜨기 1코, 사슬 1코, 빼뜨기 1코를 뜬다. 구부려둔 철사를 다시 편다.

실을 잘라 편물 뒷면에서 매듭짓고 마무리한다. 같은 방법으로 잎 3을 3장 만든다.

잎 끝에 풀을 먹여서 말린다.

잎 연결하기

꽃철사 23호에 꽃테이프를 고정한 뒤 사선 방향으로 감기 시작한다. 잎 1, 2, 3을 순서대로 철사에 연결한다.

1cm 간격으로 잎 1을 1장씩 연결한다. 이때 잎의 철사가 1cm 정도 보이도록 한다.

이어서 1.5cm 간격으로 잎 2를 1장씩 연결한다. 이때 잎의 철사가 1.5cm 정도 보이도록 한다.

이어서 2cm 간격으로 잎 3을 1장씩 연결한다. 이때 잎의 철사가 2cm 정도 보이도록 한다. 테이프를 철사 끝까지 감아준다.

잎 앞면이 위를 향하도록 철사를 만져주고 잎을 편다. 철사를 구부려 자연스러운 모양을 만든다. 유칼립투스 폴리안 완성.

eucalyptus polian

28

Leaf of thunberg's meadowsweet

설유화 꽃이 지고 잎이 무성하게 자라난 줄기를 잎설유라고 부릅니다.
연두색, 초록색 실을 이용해 싱그러운 느낌을 내도 좋고 붉은색 실로 짙은 가을 분위기를 연출해도 좋습니다.
꽃철사를 사용하지 않아 만들기 쉽지만 대신 잎이 처지지 않도록 꽃테이프를 꼼꼼하게 감아주세요.

잎설유

--- INFORMATION ---

재료
잎: 실크인견사 850(연두색) 2g
꽃철사 23호
갈색이나 연두색 꽃테이프

도구
1.25mm 코바늘
가위, 니퍼, 순간접착제, 물풀, 물, 붓

완성 사이즈 — 잎 1: 약 3cm / 잎 2: 약 3.5cm

잎 1

  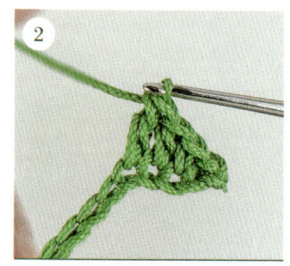

1. 잎 실로 사슬 12코를 뜬다.
2. 빼뜨기 1코-짧은뜨기 1코-긴뜨기 1코-한길 긴뜨기 1코를 뜬다.
3. 두길 긴뜨기 4코-한길 긴뜨기 1코-긴뜨기 1코-빼뜨기 1코를 뜬다.

4. 실을 3~4cm 정도 남기고 자른다.
5. 매듭이 풀리지 않게 잘 묶는다. 같은 방법으로 잎 1을 5~6장 만든다.

잎 2

 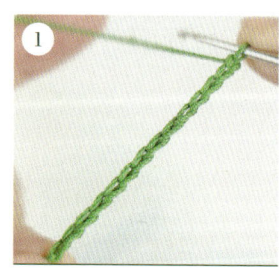 

1. 잎 실로 사슬 14코를 뜬다.
2. 빼뜨기 1코-짧은뜨기 1코-긴뜨기 1코-한길 긴뜨기 1코-두길 긴뜨기 6코-한길 긴뜨기 1코-긴뜨기 1코-빼뜨기 1코를 뜬다.

3. 실을 3~4cm 정도 남기고 자른다.
4. 매듭이 풀리지 않게 잘 묶는다. 같은 방법으로 잎 2를 5~6장 만든다.
5. 잎 1, 2 완성.
6. 잎 1, 2 모두 풀을 많이 먹여서 말린다.

잎 연결하기

1. 꽃철사에 꽃테이프를 사선 방향으로 감기 시작한다. 잎 1, 2 순서대로 철사에 연결한다.

2. 잎은 뒷면이 보이게 잡고 매듭 부분이 테이프와 살짝 맞물리게 잡는다. 꼬리실을 테이프와 나란히 잡고 튼튼하게 감아서 잎을 지탱하도록 한다.

3. 제일 윗부분은 좁은 간격으로 잎 1을 3~4장 연결한다.

4. 나머지 잎은 0.5~1cm 간격으로 철사에 연결한다.

5. 취향에 따라 연결할 잎 개수를 조절한다. 테이프를 철사 끝까지 감아준다.

6. 철사 끝부분을 짧게 자르고 순간접착제로 고정한다.

7. 철사와 잎의 연결 부위에 순간접착제를 발라 고정한다.

8. 줄기를 구부려 자연스러운 모양을 만든다. 잎설유 완성.

Loropetalum

단풍이 떠오르는 색감이 매력적인 홍화목은 가을과 겨울 느낌의 꽃다발을 만들 때 사용하기 좋은 소재입니다.
갈색, 와인색 등의 실을 사용해 진한 색의 꽃들과 매치하면 한층 고급스러운 분위기를 낼 수 있습니다.

홍화목

INFORMATION

재료

잎: 타조실 20수 갈색 / 오메가실 24 (버건디색) 3g,
줄기: 꽃철사 23호 30~35cm
잎 연결 줄기: 갈색 꽃철사 27호 10cm 10~12개
갈색 꽃테이프

도구

1.5mm 코바늘
가위, 니퍼, 순간접착제, 물풀, 물, 붓

완성 사이즈 — 잎 1: 약 1.5cm × 2.5cm / 잎 2: 약 2cm × 3cm

잎 1

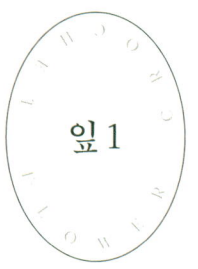

1. 잎 실로 사슬 8코를 뜬다.

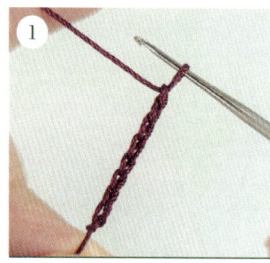

2. 짧은뜨기 1코-긴뜨기 1코를 뜬다.

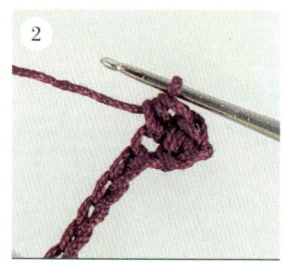

3. 한길 긴뜨기 3코-긴뜨기 1코-짧은뜨기 1코를 뜬다.

4. 3번째 사슬에 꽃철사 27호를 넣고 접어서 꼬아준다.

5. 실과 바늘 사이에 철사를 넣고 사슬 1코를 뜬다. 이때 뜨기 편하도록 철사를 구부려준다.

6. 잎이 대칭이 되도록 뜬다. 짧은뜨기 1코-긴뜨기 1코를 뜬다.

7. 한길 긴뜨기 3코-긴뜨기 1코-짧은뜨기 1코를 뜬다. 구부려둔 철사를 다시 편다.

8. 실을 잘라 편물 뒷면에서 매듭짓고 마무리한다.

9. 잎 끝이 둥근 모양이 되도록 만져준다.

10. 같은 방법으로 잎 1을 6장 뜬다.

잎 2

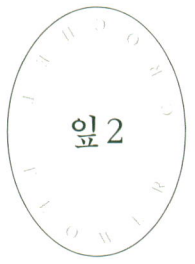

'잎 1'과 같은 실로 사슬 10코를 뜬다.

짧은뜨기 1코-긴뜨기 1코-한길 긴뜨기 5코-긴뜨기 1코-짧은뜨기 1코를 뜬다.

3번째 사슬에 꽃철사 27호를 넣고 접어서 꼬아준다. 실과 바늘 사이에 철사를 넣고 사슬 1코를 뜬다.

잎이 대칭이 되도록 뜬다.
짧은뜨기 1코-긴뜨기 1코-한길 긴뜨기 5코-긴뜨기 1코-짧은뜨기 1코를 뜬다.

실을 잘라 편물 뒷면에서 매듭짓고 마무리한다.

잎 끝이 둥근 모양이 되도록 만져준다. 잎 2 완성.

같은 방법으로 잎 2를 6장 만든다.

모든 잎 끝에 풀을 먹여서 말린다.

잎 연결하기

1. 꽃철사 23호와 잎을 나란히 잡고 꽃테이프를 사선 방향으로 감기 시작한다. 잎 1, 2를 순서대로 철사에 연결한다.

2. 1cm 간격으로 잎 1을 1장씩 연결한다. 이때 잎의 철사가 0.5cm 정도 보이도록 한다.

3. 이어서 1.5cm 간격으로 잎 2를 1장씩 연결한다. 이때 잎의 철사가 1cm 정도 보이도록 한다.

4. 나머지 잎도 모두 연결한다. 테이프를 철사 끝까지 감아준다.

5. 잎 앞면이 위를 향하도록 철사를 만져주고 잎을 편다.

6. 철사를 구부려 자연스러운 모양을 만든다. 홍화목 완성.

Loropetalum

Ivy

아이비는 독특한 잎 모양이 매력적인 덩굴 식물입니다.
줄기가 늘어지는 모양을 살려 행잉 화분으로 연출하거나 부케에 넣어서 활용해보세요.

INFORMATION

재료

잎: 클리아실 5800(바질색) / 실크인견사 850(연두색) 5g,

줄기: 꽃철사 23호 30~40cm

잎 연결 줄기: 꽃철사 27호 10cm 8~10개

연두색 / 갈색 꽃테이프

도구

1.5mm 코바늘

가위, 니퍼, 순간접착제, 물풀, 물, 붓

완성 사이즈 — 약 3cm × 3cm

아이비

30

잎

1. 잎 실로 사슬 10코를 뜬다.

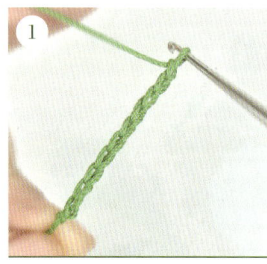

2. 빼뜨기 1코-짧은뜨기 1코-긴뜨기 1코를 뜬다.

3. 한길 긴뜨기 4코를 뜬다.

4. 한길 긴 2코 늘려뜨기 1코-한길 긴 3코 늘려뜨기 1코, 사슬 3코, 빼뜨기 1코를 뜬다.

5. 3번째 사슬에 꽃철사 27호를 넣고 접어서 꼬아준다.

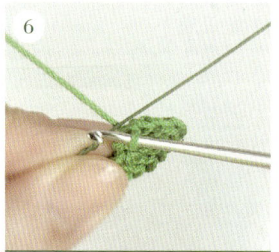

6. 실과 바늘 사이에 철사를 넣고 잎이 대칭이 되도록 뜬다.

7. 사슬 3코, 한길 긴 3코 늘려뜨기 1코를 뜬다. 이때 뜨기 편하도록 철사를 구부려준다.

8. 한길 긴 2코 늘려뜨기 1코-한길 긴뜨기 4코-긴뜨기 1코-짧은뜨기 1코를 뜬다.

9. 잎 끝에 빼뜨기를 뜬다.

10. 사슬 1코를 뜬다.

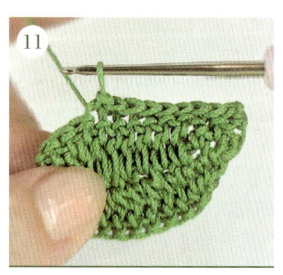

11. 빼뜨기 9코를 뜬다.

사슬 3코를 뜨고 사슬을 따라 빼뜨기 1코-짧은뜨기 1코를 뜬다.

사슬 시작코에 긴 2코 늘려뜨기를 1코 뜬다.

1코 건너뛰고 짧은뜨기 2코-빼뜨기 1코를 뜬다.

사슬 2코를 뜬다.

2코를 건너뛰고 잎 중앙에 빼뜨기 1코, 사슬 2코를 뜬다.

2코를 건너뛰고 빼뜨기를 뜬다.

짧은뜨기 2코-긴 2코 늘려뜨기 1코, 사슬 2코를 뜬다.

사슬을 따라 빼뜨기 1코, 사슬 1코를 뜬다. ⑱의 긴 2코 늘려뜨기 코에 빼뜨기를 뜬다.

매듭짓고 실을 잘라 마무리한다.

같은 방법으로 잎 8~10장 만든다.

잎 끝에 풀을 먹여서 말린다.

잎 연결하기

꽃철사 23호에 꽃테이프를 고정한 뒤 사선 방향으로 감기 시작한다.

2cm 간격으로 잎을 1장씩 연결한다. 이때 잎의 철사가 1cm 정도 보이도록 한다.

잎 8~10장을 연결하고 테이프를 철사 끝까지 감아준다.

잎 앞면이 위를 향하도록 철사를 만져주고 잎을 편다.

연결 부위에 순간접착제를 발라 풀리지 않게 고정한다.

철사를 구부려 자연스러운 모양을 만든다. 아이비 완성.

Ivy

꽃다발 스타일링 추천

Mix & Match

ARRANGE ITEM

아이비
실유화 잎
장미
거베라
소국
스위트피
수선화
화이트 옥시페탈룸

상큼한 오렌지와 복숭아색의 조합이 사랑스러운 꽃꽂이.
색상이 뭉쳐 보이지 않게 중간중간 화이트 옥시페탈룸을 꽂아
분위기를 환기하고 아이비는 라인을 살려서 길게 꽂아 리듬감을 주었다.

ARRANGE ITEM
홍화목
아네모네
리시안셔스
수국
카네이션
스카비오사
잎설유

비슷한 톤의 색 조합으로 많이 사용하는
보라색과 암적색 배색의 플라워 박스.
블랙 상자를 활용해 고급스러운 느낌을 더했다.
뜨개 꽃을 고정할 때는 플로랄폼을 이용하면
쉽게 모양을 잡을 수 있다.

ARRANGE ITEM
스위트피
거베라
버터플라이 라넌큘러스
잎설유
블루 옥시페탈룸
계란꽃
프리지아

봄이 느껴지는 옐로우, 아이보리, 블루 조합의 꽃바구니.
다양한 채도의 노란 꽃을 이용해서 풍성한 입체감을 주고
보색인 파란 꽃으로 포인트를 주었다.

다양한 색감의 실로 연출한 가을 분위기의 화병.
수국은 녹색 계열의 실, 루스커스는 벽돌색 실, 칼라는 버건디색 실로 뜨고,
천일홍은 아크릴 모헤어로 뜨되 소국 꽃받침에 붙여 색다르게 완성했다.

ARRANGE ITEM

스토크
수국
화이트 옥시페탈룸
레몬 잎
루스커스
천일홍 꽃
소국 꽃받침
칼라
아네모네
스카비오사
설유화 잎
유칼립투스 블랙잭

four seasons
CROCHET FLOWER

four seasons
CROCHET FLOWER

손뜨개 꽃길의
사계절 코바늘 플라워

1판 1쇄 발행 2023년 2월 28일
1판 6쇄 발행 2025년 4월 15일

지은이 박경조
펴낸이 김기옥

실용본부장 박재성
편집 라이프스타일팀 이나리, 장윤선, 김민주
마케터 이지수
지원 고광현, 김형식

사진 한정수(studio etc. 010-6232-8725)
스타일·아트 디렉션 김신정

디자인 ALL designgroup
인쇄·제본 민언 프린텍

펴낸곳 한스미디어(한즈미디어㈜)
주소 121-839 서울시 마포구 양화로 11길 13(서교동, 강원빌딩 5층)
전화 02-707-0337 | **팩스** 02-707-0198 | **홈페이지** www.hansmedia.com
출판신고번호 제313-2003-227호 | **신고일자** 2003년 6월 25일

ISBN 979-11-6007-899-2   13590

이 책은 저작권법에 따라 보호받는 저작물이므로 무단 전재와 무단 복제를 금지하며,
책의 전부 또는 일부를 사용하려면 반드시 저작권자와 한스미디어의 서면 동의를 받아야합니다.

- 책값은 뒤표지에 있습니다.
- 잘못 만들어진 책은 구입하신 서점에서 교환해드립니다.